묵가사상의 철학적 탐구

묵가사상의 철학적 탐구

정재현 지음

서강대학교 출판부

머릿말

동양 철학이라는 학문에 뜻을 두고 공부한 지 어언 삼십년이 가까워온다. 강산이 변한다는 십년 세월이 벌써 세 번이나 지나갔는데도, 변변한 자신의 생각도 확립시킨 것 없이, 밥만 축내고 책상에 앉아 있는 자신을 돌아본다. 식은 땀이 흐른다. 지금으로부터 대략 30년 전 쯤 봄에 우연히 학교 도서관에 들렀다가 읽게 된 잡지의 글 '동양학 어떻게 할 것인가' 가 인연이 되어, 무작정 고려 대학으로 김용옥 선생님을 찾아갔던 생각이 난다. 김용옥 선생님의 함자 중 옥(沃)자를 한자로 읽지 못해, 그 당시 김충렬 선생님 방을 같이 쓰시던 김용옥 선생님께 '혹시 김용천 선생님이 이 곳에 계시나요?' 라고 물었던 낯 뜨거운 장면도 기억이 난다. 김용옥 선생님의 첫 인상은 짧은 머리의 날카로운 눈매가 인상적이었는데, 마치 그 당시 내가 열독했던 조선일보 연재소설 김두한에 나오는 일본인 야쿠자 두목 하야시를 연상케 하는 풍모였다. 그 때 내가 느닷없이 물었던 질문이, '선생님, 동양철학도 학으로 공부할 수 있나요?' 였다.

사실 나의 질문은 도사가 되고, 성인이 되는 것은 내게는 너무 버거운 것 같고, 그저 학문적으로 동양철학을 공부하고는 싶은데, 그것이 가능하냐는 것이었다. 지금 생각하면 좀 거칠게 보이는 어린 문외한 학생의 질문을 다행히 김용옥 선생님은 따뜻하게 품어줬고, 그래서 동양철학과의 인연이 시작되었다.

묵가에 대한 인연은 더욱 더 참으로 우연찮게 시작되었다. 김용옥 선생님이 그 당시 동양고전의 번역이라는 문제에 관심이 많으셨고, 또 일본의 동양학 학풍에 깊은 영향을 받으셔서인지, 우리 학계도 일본처럼 어떤 하나의 텍스트에 대한 전문가를 키워내야 한다고 말씀하시곤 했다. 그 와중에 쫓아다니는 제자들 각자에게 자연스럽게 하나의 텍스트에 관심을 가져보라고 권했던 것이고, 나에게는 『묵자』가 우연찮게 배당되었던 것이다. 사실 묵자 텍스트에 대한 첫 접촉은 아마도 그 당시 독해를 했던 니덤의 중국사상사 안에 있던 몇몇 『묵경』 구절이 전부였다.

본격적인 『묵자』 아니 『묵경』에 대한 공부는 내가 서강대 대학원으로 진학을 해서 정인재 선생님 지도로 『묵경』에 대한 석사논문을 준비했을 때였다. 정인재 선생님은 당시 서강대 도서관에만 있던 그레이엄의 『묵경』 영역본을 소개해 주고, 이것을 틈나는 대로 번역하라고 하셨다. 그 과제를 지금도 완성을 못했지만, 한 동안 그레이엄의 눈에 들어오지 않는 영국식 영어와 『묵경』의 난삽한 내용들을 별다른 도움 없이 혼자 끙끙거리며 이해하려 했던 당시의 기억이 떠오른다. 물론 지금도 그 당시 선생님께 정기적으로 번역숙제를하고, 선생님 확인 사인을 받던 노트를 가지고 있다. 번역 수준은 참 가관이지만.

사실 시작은 이렇게 일찍 했었다. 그렇지만, 도대체 묵가에 대해 얼마나 이해를 했고, 또 얼마 만 한 결과를 내놓았느냐 이렇게 물으면 참으로 부끄럽다. 훌륭한 선생님들의 지도와 격려로 묵가 연구의 출발은 일찍 했으면서, 마치 거북이와의 경주 도중 낮잠을 잔 토끼처럼, 그 동안의 성과가 미미했기 때문이다. 이 책은 묵가에 대한 치열한 사색의 결과가 아니다. 물론 삼십년 공력의 결과라고 하기에는 턱 없이 부족한 것이다.

단지 앞으로는 이제까지와는 달리, 나에게 주어진 연구의 길을 성실히 가겠다는, 나 자신과의 약속을 하기 위해서, 그리고 그런 약속을 실행하기 위해서 내가 필요하다고 느끼는 혹독한 채찍질을 끌어 들이기 위해 내 놓는 책이다. 여러 선생님들의 기대를 저버린 책을 내게 돼서 정말 한없이 부끄럽다.

마지막으로 비문이 가득했던 초고를 읽어준 서강대 대학원의 김현선, 조성환, 곽소현, 임건순, 김재익에게 고마움을 전하고 싶다.

2012년 10월

정하상관에서

정재현 씀

목차

* 이 연구는 2007년도 서강대학교 교내연구비 지원에 의한 연구임 (20071102).

1. 해석의 문제

1. 해석의 문제[1)]

독서는 창조적 작업이다. 어쨌든 무(無)에서 유(有)를 만들어내야 한다. 송대의 저명한 유학자 정이천은 "『논어』를 읽기 전과 읽은 후가 차이가 없으면 그것은 논어를 읽은 것이 아니다[2)]라고 함으로써, 독서가 궁극적으로 인격의 변화를 가져와야 하는 것 임을 강조하였다. 정이천의 말처럼 독서가 인격의 변화까지는 아니더라도 나름의 의의를 지니려면, 다시 말해 시간을 투자해 힘들게 공을 들여야 할 정도의 가치를 가지는 것이라면, 단순한 재미를 넘어 적어도 독자의 인식의 변화 정도는 보여주어야 하지 않을까? 그렇다면 어떻게 읽어야 독서가 우리 인식의 변화 내지는 인격의 변화를 가져오게 할 수 있을까? 그것은 아마도 독서의 대상에 따라 조금씩달라질 것이다. 여기서는 고전 특히 동양고전을 대상으로 삼는 경우에 대해 생각해 볼 것이다.

고전은 '많은 사람이 읽어야 한다고 하지만, 사실 아무도 읽지 않는 책'

---

1) 이 글은 『현대 사회와 인문학적 상상력 II』(서울 : 서강대 출판부, 2008)에 실린 글을 수정 보완한 것이다.
2) 『논어집주』「서설」.

이라는 말을 종종 한다. 그것은 아마도 고전이 기본적으로 오랜 기간 여러 사람의 검증을 거친 책으로 누구나 그 유용성에 동의하기는 하지만, 고전이 갖추고 있는 풍부하고도 다양한 함축성 때문에 단숨에 읽어내기가 쉽지 않기 때문일 것이다. 더욱이 고전 중에서도 동양고전의 경우는 그 독해 대상이 현대의 우리와 시간적으로 혹은 문화적으로 떨어진 시기의 것이기에 더욱 가독성이 떨어진다고 할 수 있다. 쉽게 말해서, 우리의 사유는 이미 충분히 서구화되어 있기에, 동양의 고전보다는 오히려 서양의 고전을 더 잘 이해할 수 있는 상황에 놓여 있다. 우리가 독해를 하면서 끌어들이는 어휘와 개념들은 서구적 기원을 갖는 것들로 채워져 있다. 예를 들어, 동양의 유교 경전에 나타나는 천(天), 인(仁), 의(義), 예(禮), 지(智)와 같은 개념들은 그 자체로 보다는 각각 '하느님, 하늘' (Heaven), '인자함' (benevolence), '정의, 옳음' (righteousness), '예절' (ritual propriety), '지혜, 지식' (wisdom)으로 잠정적으로 번역함으로써 더 쉽게 이해될 수 있다. 물론 여전히 그런 서구적 번역들이 천(天), 인(仁), 의(義), 예(禮), 지(智)의 개념들을 충분히 드러내지는 못하며, 따라서 이런 동양의 전통 개념들은 번역하지 않고 사용해야 한다고 주장하는 사람들이 있다. 그러나 과연 이런 미번역의 용어들로 이에 대한 심도 있는 논의가 가능할 것인지에 대해서는 회의적이다. 따라서 동양고전에 대한 적절한 독해는 이런 상황 즉 동양의 고전과 현재를 살아가는 우리 사이의 시간적, 문화적 차이를 인정하는 가운데 이루어져야 한다. 물론 우리는 이런 차이를 반드시 나쁜 것으로 볼 필요는 없다. 독서란 본래 자신이 알지 못하는 것을 알기 위함이기 때문이다. 동양고전에 대한 독해는 그 차이가 크면 클수록, 그 간극을 메우려는 우리의 수고가 크면 클수록, 그에 상응하는 많은 것을 독자에게 가져다 줄 것이다. 물론 이것은 우리가 매우 섬세하게 동양고전에 접근할 때에 만 가능한 것이다.

가. 두 가지 해석유형

동양고전처럼 현대의 독자로부터 많이 외면되어온 서적을 읽을 때 우리가 흔히 접하는 해석학적 입장들의 충돌은 크게 다음 두 가지다. 첫째는 고유의 논리에 입각한 해석과 가설에 입각한 해석 간의 충돌이고, 둘째는 설명에 입각한 해석과 정당화에 입각한 해석(혹은 동정적 해석과 비판적 해석) 간의 충돌이다. 여기서 내가 좀 더 선호하는 해석은 후자의 해석들, 즉 가설에 입각한 해석과 정당화에 입각한 해석이다. 그러나 이는 고유의 논리에 입각한 해석이나 설명에 입각한 해석이 잘못이라고 여겨서가 아니라, 가설적 해석이나 정당화에 입각한 해석이 좀 더 포괄적이라고 생각해서다. 이는 내가 관심을 갖는 독서의 목적, 즉 인격의 변화나 인식의 변화를 이룸에 있어서 이 두 가지가 각각 대응하는 다른 입장들에 비해 너 효율적이라는 의미에서이다. 또한 주의할 것은 첫 번째 '고유의 논리에 입각한 해석'과 '가설에 입각한 해석' 간의 분류와 두 번째 '설명에 입각한 해석'과 '정당화에 입각한 해석' 간의 분류가 일종의 일대일 대응관계에 있는 것은 아니라는 점이다. 예컨대, 첫째 분류의 '가설에 입각한 해석'이 두 번째 분류의 '정당화에 입각한 해석'과 일대일 대응의 관계에 있는 것은 아니다. '가설에 입각한 해석'은 '설명에 입각한 해석'과 '정당화에 입각한 해석'을 모두 포괄하는 개념이라고 할 수 있다. 따라서 두 번째 분류는 첫 번째 가설에 입각한 해석을 두 가지로 좀 더 세분화한 것이라고 할 수 있다. 앞서 말했듯이, 나는 고유의 논리에 입각한 해석보다는 가설에 입각한 해석을 더 선호하며, 또 가설에 입각한 해석 중에서도 정당화에 입각한 해석을 더 좋아한다. 특히 이 책에서 강조하는 철학적 해석은 바로 이 정당화에 입각한 해석이다. 그러나 나는 이 장에서 단순히 정당화에 입각한 해석뿐만이 아니라, 설명에 입각한 해석, 그리고 한 걸음 더 나아가 고유의 논리에 입각한 해석까지 비교, 설명할 것이다.

가-1. 고유의 논리에 입각한 해석과 가설에 입각한 해석

고유의 논리에 입각한 해석은 우리가 읽으려는 동양 고전이 현재를 살아가는 우리와 너무나 다른 시대의 대상임에 주목하고 따라서 그에 대한 우리의 접근방식이 달라야 한다고 주장한다. 이 해석의 입장은 동양의 고전과 우리가 너무나 다른 배경가정들(background assumptions) 위에 있다는 주장에서부터, 동양의 고전은 현재의 우리 혹은 서구의 사유와는 완전히 다른 논리 위에 쓰여졌으므로, 서구의 합리적 관점에서 이해할 수 없다는 극단적 주장에 까지 이른다. 이러한 입장의 대표적 학자로는 홀(David L. Hall)과 에임스(Roger T. Ames)를 들 수 있는데, 이들은 서양의 '합리적 사고'(rational thinking)에 대비하여 동양의 '미적 사고'(aesthetical thinking)를 말한다.[3] 이들은 동양의 미적 사고 전통에서 생겨난 사유를 서양의 합리적 사고 전통에서 재단했을 때 발생할 수 있는 여러 오해에 대해 경각심을 일으킨다. 이들의 해석학적 입장은 동양의 고전을 해석할 때 서구의 선입견을 가능한 한 배제해야 한다고 여기는 점에서 무장해제적 접근방식이라고 할 수 있다. 사실 서구의 배경가정들에 입각해서 그것이 보편적임을 먼저 설정하고 그 기준에 맞추어 동양의 고전을 재

---

3) 그들의 공저, *Thinking Through Confucius* (New York: State University of New York Press, 1987)를 참조.

단해 온 기존의 동양고전 읽기의 폐해는 이미 많은 사람들이 지적해 왔다. 민주주의와 자연과학으로 상징되는 서구 문화의 성과는 세부의 수많은 오류들 조차도 마땅히 동양이 따라야 하는 전범으로 읽혀졌다. 동양의 천(天)을 서구의 기독교적 유일신으로 해석하여, 서구의 유일신 사상에서 보이는 모습들의 부재를 동양 종교사상의 미개성으로 본다든지, 서구 자유주의 민주주의 제도를 전범으로 삼아 동양의 군주제를 오직 한 사람의 자유인과 다수의 노예로 이루어진 사회로 묘사한다든지, 개체주의적 사고가 두드러지지 않는 동양사회를 비판하면서, 개인의 존엄성과 인권은 오직 서구에서만 가능한 것이었다고 간주하거나, 또는 서구의 근대 자연과학의 발전을 극찬하면서, 동양의 과학과 기술은 몇 천 년 간 거의 정체 상태였다고 여긴다든지, 또 훨씬 나아가서 상대적으로 개체성, 추상성을 잘 표현할 수 있는 서구의 언어와 논리학적 기제들을 기준으로 동양의 언어와 문자의 후진성 내지 논리학의 부재를 지적하는 등의 태도들은 동양고전을 읽을 때, 무의식적으로 스며들어있는 선입견들이었다. 나아가 설사 과학과 민주제도의 보편성을 우리가 인정한다고 해도, 왜 동양이 그 시기에 그런 발전을 하지 못했는가라는 질문을 던지는 것은 동양의 입장에서는 부당한 것이다. 정당한 질문은 왜 서양이 그러한 성과를 거두었는가 하는 것이리라. 여하간 이러한 서구중심주의의 폐해는 현재에도 여전히 맹위를 떨치고 있다. 이것은 아마도 근대화 이후 서구 열강의 침략에 맥없이 당한 것에서 기인하는 동양의 문화적 열등감과 서구의 근거 없는 우월주의가 교묘히 결합한 탓이라고 할 수 있다. 그러나 사실 이러한 상황은 동양과 서구 모두에게 결코 바람직스럽지 않다. 동양과 서양은 근거 없는 우월주의나 열등감 대신에, 각각 자신의 문화 내지 타인의 문화에 대한 공정한 평가를 공유해야 할 것이다. 오직 이런 인식의 기초 위에서 만 각자의 발전을 도모할 수 있기 때문이다.

어쨌든 동양고전에 대한 고유의 논리 혹은 무장해제적 접근방식은 이런 선입견을 가진 해석들의 폐해를 극복하려는 의도에서 시도되었다. 이 입장은 위에서 살펴본 서구의 배경 가정들을 될 수 있는 한 최소화하기 위해 동양 고유의 논리에 주목해야 한다고 주장한다. 따라서 그 방식은 가능한 한 독자의 선입견을 배제하고, 대상의 내재적 논리를 발견하는 것을 목표로 한다. 견강부회 같지만, 이런 해석적 입장은 '우리가 대상을 알기 위해서는 최대한 대상과 같은 상태를 유지해야한다' 고 주장한다는 점에서 '같은 것이 같은 것을 아는 것'[4] 이라는 고대 그리스의 인식론적 원칙과도 연결고리가 있을 것이다. 그런데 고유의 논리에 입각한 해석학적 입장의 문제는 이러한 시도가 동양 자체에서 생긴 것이라기보다는 서구 스스로가 자신의 위기 상황을 진단하는 가운데 나왔다는 것이다. 구체적으로 그것은 20세기 후반 인류 문명의 위기 상황 속에서 현대문명의 모태라고 할 수 있는 서구의 근대성을 비판하는 가운데 발생했다. 즉 탈근대주의의 이념 하에서 제기되었던 문제다. 이와 같이 그 입장은 동양이 스스로의 문제의식에서 산출한 것이 아니라 서구의 지적 풍토 하에서 등장한 까닭에, 자칫하면 서구의 편견에 의해 좌지우지 되던 기존의 해석들과 별다를 바가 없을 수도 있다. 즉, 서구의 문제의식 속에서 등장한 무장해제적 접근방식이 서구의 선입견을 더 강화시켜주는 방향으로 나아갈 수 있다는 것이다. 또한 이미 하나의 지구촌이 되어 버린 현대의 상황에서, 탈근대주의가 단지 서양만의 문제인지, 또 이렇게 서양과 동양을 나누어 편을 가르는 것이 과연 의미가 있는지는 논란의 여지가 있을 것이다. 그러나 현재에도

---

4) Aristotle, *Metaphysics*, Book Ⅲ 1000 ^{b}5.

여전히 지나친 서구 중심주의와 동양의 근거 없는 열등감은 존재하고 있으므로, 이런 폐해를 극복하고 보다 섬세한 해석학적 입장을 전개하기 위해 서양과 동양의 문제의식이 다르다고 상정해 보는 것도 필요하다.

그러나 사실 무장해제적 접근방식의 가장 큰 문제는 과연 이런 무장해제가 가능한 것인 가다. "선입견 없이 어떤 대상을 접근하는 것이 과연 가능한가"라고 물으면 우리는 선뜻 그렇다고 대답할 수 없다. 고유의 논리를 강조하는 입장이 자칫 비합리적인 강신제나 저자와의 신비적 일치를 추구하는 것처럼 비난받는 이유가 여기에 있다. 여기서 나는 이런 문제를 자연스럽고도 합리적으로 해결하는 대안책으로 두 번째의 독해방식을 제안하겠다. 그것은 바로 '가설에 입각한 해석 방식' 이다. 가설에 입각한 해석 방식은 어떤 것을 인식할 때, 우리는 선입견을 벗어날 수 없다고 주장한다. 선입견은 우리의 인식에 필수적이다. 따라서 이 문제를 해결하기 위해서는 차라리 우리가 선입견이라는 안경을 쓰고 있다는 사실을 인정하고, 정직하게 특정한 선입견의 안경을 통해 본 상태를 드러내야 한다. 역설적이게도 우리는 안경을 썼다는 사실을 인정하고 안경 쓴 상태에서 파악된 모습을 그대로 그려낼 때, 오히려 안경의 영향에서 자유로울 수 있다. 이것은 흔히 과학에서 많이 쓰이는 가설적, 실험적 방식이다. 우리가 단지 하나의 가설로서 접근한다는 것을 인정할 때, 다시 말해 가설의 임시성, 실용성 등을 인정할 때, 우리는 가설이 함유하는 선입견으로부터 벗어날 수 있다. 이것이 곧 가설적 독해방식이다.

내가 동양고전을 읽어 감에 있어서 이 방식을 견지하게 된 계기 중 하나는 대학 때의 체험때문이다. 몇몇 또래들과 함께 유명한 한문선생님으로부터 한문을 배우고 있었는데, 한번은 선생님께서 다음과 같은 말씀을 하셨다. 분명히 내가 크릴(H. G. Creel)보다는 논어를 더 많이 읽었는데, 나는 크릴의 공자 평전과 같은 책을 쓰지 못하고 있다는 자조적인 이야기였다. 나는 선생님의 이 말씀을 듣고, 그 이유를 당시 과학철학 시간에 배웠던 '가설 연역적 방식'(hypothetico-deductive method)과 연결시켜 이해해 보았다. '가설 연역적 방식'이란 과학의 탐구방식이 단순히 귀납을 통한 일반화가 아니라, 먼저 과감한 가설을 세우고 그로부터 예상되는 각종 구체적 사실을 연역한 다음 이를 실험을 통해 검증하는 방식으로 이루어진다고 한다. 즉 '가설 연역적 방식'은 원래의 가설을 하나의 이론 내지 법칙으로 성립시키는 것이다. 나는 크릴의 논어에 대한 저서는 바로 이런 가설적 방식의 산물이 아닌가라고 생각했다. 그것은 거의 암기에 가까울 정도로 많이 읽어서 자연스럽게 이루어진 것이라기보다는, 과감한 가설들을 먼저 세우고 그로부터 각종 주장들을 연역한 다음 그것을 텍스트에 비추어 옹호 내지 반박하는 과정을 통하여 원래의 가설들 중의 일부를 성립시킨 것이라고 본다. 약간의 견강부회를 하자면, 고유의 논리는 어쩌면 동양고전을 거의 암송수준에 이르도록 읽히면 동양고전을 더 잘 이해할 수 있다고 보는 입장과 같다. 실제로 동양전통에서는, 한문을 읽을 때 '책을 백번 읽으면 뜻이 저절로 드러난다'(讀書百遍義自見)는 말을 해왔다. 그러나 우리는 때때로 읽으면 읽을수록 이해가 깊어지기 보다는 오히려 오해가 깊어지는 경우를 발견하기도 한다. 무조건 동양고전을 많이 읽는다고 동양고전에 대한 이해가 더 증진되는 것은 아니다. 방향이 잘못된 노력은 결코 목표에 도달할 수 없기 때문이다.[5] 이것이 그저 한 방향으로의 매진보다 다양한 방향의 모색을 옹호하는 가설적 독해가 나름대로 더 설득력이 있는 이유이다. 앞으로 만 쭉 전진하는 독서보다는 한 구절 한 구

5) 지눌은 돌을 아무리 쪄도 밥을 지을 수는 없다고 하였다. 지눌,『수심결』.

절 따져 가면서 읽는 것이 어쩌면 이해에 더 효과적일 수 있다.

이제까지 살펴보았듯이, 고유의 논리에 입각한 해석에 따르면, 올바른 해석이란 독자가 얼마나 저자 내면의 논리에 접근할 수 있느냐에 달려있다. 이와는 대조적으로 가설에 입각한 해석은 저자의 원래 의도보다는 독자의 현실적 상황을 중시한다. 이해는 결국 우리 안에서 이루어지는 것이므로, 해석은 궁극적으로 저자의 이야기가 우리의 맥락 안으로 얼마나 들어올 수 있느냐에 달려있다. 우리에게 걸러지지 않은 저자의 목소리는 보편적 의미가 없는 것으로 인식된다. 물론 독자의 관점에 대한 지나친 중시는 이질적인 것을 제대로 파악하지 못하도록 하는 한계가 있다. 그러나 가설적 방식의 임시적이고 실용적인 성격을 충분히 이해한다면 이러한 한계는 어느 정도 극복될 수 있다고 생각한다. 아래에서 가설적 독해의 한 실례를 통해 이러한 논점들을 고찰해보자.

* 가설적 독해의 예

독해 대상 : 『맹자』 1A7[6]에 관련한 니비슨의 해석

맹자 1A7: 제선왕은 맹자에게 자신과 같은 사람도 인정(仁政)을 행할 수 있는지를 묻는데, 맹자는 그럴 수 있다고 대답하고 그 이유로 희생의 제식을 위해 죽으러 가는 소를 살린 제선왕의 자비심을 언급한다. 이런 자비심을 백성에게 베풀면 그것이 인정(仁政)이라는 것이다.

그동안 이 장은 단순히 소에 대해서 자비심을 갖는 군주가 왜 백성에게

6) 1A7은 영미 중국학계에서 『맹자』를 인용할 때 쓰는 방식으로 「양혜왕상」7번째 항목을 가리킨다.

는 자비심을 갖지 못하는가라고 맹자가 왕을 책망하는 구절로 만 해석하였다. 그리고 이것은 어린애가 물에 빠질 때 느끼는 마음과 함께, 우리가 인(仁)으로 발전시켜야 될 측은지심, 즉 자비심을 강조하는 대표적인 구절로 해석되었다.

우리는 측은지심이 인정(仁政)의 기본이 된다는 기존의 해석에 충분히 공감할 수 있지만, 위와 같은 기존 해석에 대해 여러가지 의문점들을 제기할 수 있다. 맹자는 그동안 왕이 백성들에게 자비심을 펼치지 못한 이유를 무엇이라고 여겼을까? 소가 도살장으로 끌려가는 것을 보고 자비심에 의해 즉각적으로 소를 풀어주라고 했던 왕이 왜 백성들과 관련해서는 이러한 행위를 하지 못했는가? 구체적으로 맹자는 왕에게 어떻게 하기를 원하는 것인가? 백성들의 어려움을 더 많이 직접 보라는 것인가, 아니면 그 외의 다른 구체적 방법을 제시하는 것인가? 기존의 해석에서는 이러한 자비심의 성격, 도덕적 능력의 성격 등과 관련해서 충분한 해명이 이루어지지 않았다.

니비슨(David S. Nivison)은 이 장을 해석하는데 좀 더 가설적인 방식으로 접근한다. 그는 맹자가 그의 시대상황에서 어떤 문제의식을 가질 수 있는지의 관점에서 출발한다. 그가 보기에 맹자의 문제의식은 초기 묵가에서 잘 해결될 수 없었던 '염구의 문제'[7] - 즉 어씨디어(acedia)와 이것을 단순히 계산적 합리성을 통해 해결할 수 있다고 믿은 묵가의 의지주의를 나름대로 극복하려고 한 것이다. 니비슨은 특히 '확장'(推)이라는 철학적 용

7) 알면서도 그것을 행동으로 옮기는 것에 관해 충분한 관심을 갖지 않거나 가질 수 없을 때의 문제이다. 이것은 『논어』에서 염구가 자신은 선생님의 가르침이 옳은 것은 알겠지만 그것을 실천할 힘이 부족하다고 말한 것에 대해, 공자가 염구의 태도는 스스로 포기하는 것이라고 지적하는 구절로부터 니비슨이 구성한 것이다. David S. Nivison, *The Ways of Confucianism*, La Salle: Open Court, 1996, p.82.

어에 주목하고, 이것이 맹자 도덕철학에서 갖는 의미를 문제 삼았다. 그에 따르면 맹자의 '확장' 개념은 오히려 묵자의 '합리성'의 흔적이고, 바로 이 지점이 맹자가 자신의 길을 찾아가는 출발점이 된다. 다시 말해 맹자는 묵자와 마찬가지로 '도덕적 행위'를 '합리적 계산'의 문제라고 생각했다는 것이다. 제선왕이 인정을 펴지 못했던 이유는 그가 소에게 느꼈던 그 감정을 백성의 경우로 확장할 수 없었기 때문이라고 한다. 도덕적 능력은 유사성을 확인하고, 그 유사성에 입각해 논리적 확장을 이루어내는 일이다. 이것은 이익과 손해의 정확한 계산을 통해 도덕적 행위가 이루어질 수 있다고 본 묵자 식의 사고방식이다. 맹자가 맹자 나름의 방식으로, 다시 말해 단순한 합리성을 통해서가 아니라 감성의 계발을 통해 도덕적 행위로 나아갈 수 있다고 생각한 것은 이런 묵가의 사고방식을 거치면서 가능해졌다. 니비슨의 이러한 선도적 해석을 통해, 우리는 맹자가 도덕적 행위에 있어서 단지 감성만을 중시하는 단순한 철학자가 아니라, 감성과 이성의 관계, 수양과 합리성의 관계 등 다양한 스펙트럼을 포함하고 있는 매우 풍요로운 사상가임을 확인할 수 있다. 예컨대 이전의 해석에서는 맹자가 지적한 제선왕의 자비심 내지 그가 말하는 유자입정(孺子入井)의 사례에서 측은지심 등이 그야말로 도덕적 행위의 전범처럼 생각되었지만, 니비슨의 해석 이후로는 이러한 것들보다 인위적 확장 능력 또는 수양의 능력이 더 주목을 받게 된다. 왜냐하면 이러한 것들은 여전히 수동적인 감성의 영역에 있는 반면, 확장이나 수양은 능동적인 능력이기 때문이다. 우리는 또한 이 장을 통해 맹자의 욕구관에 대해서도 다양한 견해를 펼칠 수 있게 된다. 흔히 맹자는 우리의 신체적 욕구와 도덕적 욕구를 첨예하게 구분했으며, 특히 전자는 수동적 욕구이고, 후자는 능동적 욕구로 규정했다고 간주한다. 그러나 사단의 일종인 자비심 같은 것들이 여전히 수동적인 성격의 것이라는 점, 양혜왕장에서 대표적인 물질적 욕구들을 다른 사람과의 공유를 통해 도덕적 욕구로 승화시키고 있는 점을 보면 사단의 성격에 대해 다양한 해석의 여지를 가질 수 있다. 특히 맹자를 동물에 대한 살육을 반대하는 동물보호론자처럼 보이게 만드는 소에 대한 자비심은, 도덕 군자가 가져야할 도덕적 감정이 아니라, 오히려 푸줏간에서 멀리 떨어져 삶으로써 가지지 않을 수 있게 되는 수동적 감정일 뿐이다. 이 곳에서 사단의 감성은 철저하게 이성 혹은 도덕적 판단에 의해 제한받고 있다. 니비슨의 해석은 우리에게 맹자가 실용적 입장에서 인간중심주의를 주장하고 있으며, 또한 그는 단순히 도덕 감성론자(moral emotivist)가 아니라는 것, 따라서 맹자를 일관되게 해석하기 위해서는 아직도 다양한 논의가 필요하다는 점을 제시한다.

가-2. 설명에 입각한 해석과 정당화에 입각한 해석

우리는 니비슨의 가설적 해석이 가진 힘을 살펴보았다. 가설적 해석은 기본적으로 다양한 관점을 동원하여 저자의 입장을 가능한 한 설득력 있게 제시하려는 것이다. 우리는 이러한 가설적 방법을 통해 저자의 입장을 훨씬 입체적으로 그려낼 수 있다. 심지어 저자가 의도 하지 않은 것이라 할지라도 저자 입장의 함축이라는 이름으로 제시할 수 있다. 하지만 이와는 다른 관점에서의 해석 방식을 생각해볼 수 있다. 그것은 고유의 논리를 강조하는 해석이나 가설을 강조하는 해석과 다를뿐 만 아니라, 가설적 해석의 일부인 설명에 입각한 해석과도 전혀 다른, 정당화에 입각한 해석이다. '설명' 이 새로운 사실을 확립하기 보다는 확립된 사실을 이미 알려진 사실과의 연관을 통해 좀 더 잘 해명하기 위한 것이라면, '정당화' 는 이미 알려진 사실을 바탕으로 해서 새로운 사실을 확립하기 위한 것이다. 설명적 해석이 저자의 주장을 문제삼지 않고, 될 수 있는 한 저자의 맥락 안에서 저자의 주장을 정합적으로 설명하기 위한 것이라면, 정당화에 입각한 해석은 저자의 주장이 과연 저자가 가정하고 있는 맥락을 벗어나서도 성립할 수 있는지를 묻는다. 한마디로 전자의 해석은 공감적 이해의 방식이고, 후자의 해석은 비판적 이해의 방식이다.

비판적 이해가 필요한 이유는 동정적 해석이, 다시 말해 가설에 입각한 해석이나 고유의 논리에 입각한 해석이 그 정합성을 강조한 나머지 자칫하면 저자의 입장에 지나치게 동정적인 태도를 취하게 만들기 때문이다. 이는 종종 저자에 대한 맹신의 태도로 나타나기도 한다. 동양 고전에 대한 해석이 종종 비판학이라기보다 주석학에 머물렀던 것도 이러한 동정적 해석이 지배적이었던 것과 연관이 있다. 이런 점에서 동양의 고전은 단순한 하나의 '책' 이라기보다 종종 숭배되어야 할 '경전' 이었다. 그런데 사실, 객관적 독해를 위해서는 저자와 독자 사이에 어느 정도의 거리가 필요한 것 같다. 이것이 내가 '고유의 논리에 입각한 해석' 보다는 '가설에 입각한 해석' 을, 그리고 다시 '정당화에 입각한 해석' 이 필요함을 주장하는 이유이다. 칸트가 이성은 순수해지면 질수록, 즉 경험적인 것과 떨어지면 떨어질수록, 경험에 대해 더욱 더 통제력을 가진다고 말했을 때의 의미도 아마 이런 차원이 아니었을까?[8] 물론 『맹자』를 읽을 때 일단은 맹자의 입장에서 바라보아야 맹자의 의도를 더 잘 파악할 수 있다는 데에는 누구나 동의할 것이다. 그러나 우리는 또한 맹자를 해석함에 있어서, 맹자도 우리와 마찬가지로 인간인 이상 얼마든지 잘못 생각할 수 있고, 잘못 행동할

8) Immanuel Kant, *Kant's Groundwork of The Metaphysics of Morals,* 2판 34 참조.

수 있었음을 인정해야 한다. 이것이 공감적 태도의 효용성은 충분히 인정하면서도, 맹자를 정확히 이해하기 위해 우리가 지닐 수 있고, 또 지녀야 하는 비판적 태도이다. 설명적 해석(즉, 가설에 입각한 해석)은 종종 맹자의 주장을 참인 것으로 받아들이는 가운데 진행된다. 다시 말해 설명적 해석은 '맹자는 왜 그렇게 주장했는가' 를 묻는다. 반면, 정당화에 입각한 해석은 '그러한 맹자의 입장을 왜 우리가 받아들여야 하는가' 를 묻는다.

우리가 『맹자』를 읽는 이유는 맹자 개인을 찬양하기 위해서가 아니라, 맹자로부터 무언가를 배우기 위해서다. 이는 맹자를 우리가 따라야 할 모델로 삼을 수도 있고, 혹은 따르지 말아야 할 반면교사로 삼을 수도 있음을 의미한다. 앞서 말한 고유의 논리에 입각한 해석이나 가설적 해석은 지나치게 저자의 입장을 옹호하려는 측면이 있다. 예컨대, 『맹자』 1A7장과 관련해서 혹은 『맹자』전체와 관련해서 정당화에 입각한 해석이 적절한 독해의 방식으로 제안하는 독법은, 고유의 논리에 입각한 해석이 제안할 법한 '거의 암기할 정도로 여러 번 맹자 읽기' 나 가설에 입각한 해석이 제안할 법한 '어떤 긍정적 관심사항을 동원한 맹자 읽기' 가 아니라, '삐딱한 맹자 읽기' 이다. 다시 말해 그것은 다음과 같은 문제제기를 할 수 있다: 인간의 도덕 감정인 사단을 기초로 인간의 도덕성을 옹호하려한 맹자의 시도는 매우 제한적 세계관에서 만 의미가 있을 것이다. 맹자가 말하는 측은지심이나 자비심은 절대적 가치가 강조되는 사회, 특히 가부장적이고, 위계적이며, 농업경제를 기반으로 하는 동양의 전통사회에서는 나름대로 설득력이나 그 효용성이 있겠지만, 유학이 다양한 이념중의 하나일 뿐인 다원주의적 현대 사회에서는 맹자가 비난한 이기주의적 삶의 길이 어떤 사람들에게는 더 매력적일 수가 있는 것이다. 과거에 비해 공동체적 삶을 추구하기 보다는 개인의 개성을 존중하는 삶을 강조하는 현대인들은 우물에 떨어지려는 아이나 도살장에 끌려가는 소에 대해 훨씬 덜 동정심을 느낄 수 있음도 인정해야 되고, 또 설사 모든 사람이 지금도 여전히 과거 공동체 사회처럼 타인의 고통에 대해 동일하게 측은지심을 느낄 수 있다 해도, 과연 이것이 다원화된 사회를 살아가는 현대인이 필요로 하는 도덕성의 정당화에 얼마나 기여할 것인지 의문을 가질 수 있어야 한다. 다양한 종교적, 도덕적 신념 체계들이 병존하는 현대에서 맹자 혹은 유교 체계의 의미를 밝히고자 한다면, 맹자의 체계가 다른 체계보다 더 우월함을 보여주기 위해 노력하기보다는 맹자의 도덕체계도 다른 체계 못지않은 정합성 내지 효용성을 가지고 있음을 보여주는 선에서 만족해야 할 것이다. 다시 말해 맹자의 체계도 그저 여러 도덕적 혹은 종교적 신념 체계 중 하나라는 점을 인정한다면, 우리는 맹자 체계에 대한 정당화에 너무 욕심을 부려서는 안 된다. 이러한 절제는 인간이 본성적으로 악하다고 믿는 사람들, 인간의 도덕성의 기초는 자연적 본성에 의해 수립되어서는 안 된다고 생각하는 사람들, 혹은 종교적, 관습적 차이로 인해 전혀 다른 형이상학을 믿는 사람들에게도 맹자의 도덕체계가 의미 있는 여러 대안 중의 하나로 다가설 수 있게 할 것이다.

2. 「묵자」, 묵가, 묵가사상

2. 「묵자」, 묵가, 묵가사상

가. 『묵자』와 묵가

묵가는 중국의 춘추전국시대(기원전 770-기원전 221)의 제자백가(諸子百家)의 하나이고, 그들의 사상은 기본적으로 『묵자』라는 책에 실려 있다. 제자백가는 중국의 춘추전국시대에 활동한 다양한 사상가들을 학파로 분류한 용어이다. 백가(百家)라 하니까 그야 말로 백 개의 학파가 있었을 것이라고 생각할 수도 있지만, 중국어에서 백이란 숫자 백이 아니라, '많음'을 가리키는 형용사인 경우가 많다. 그러니까 제자백가는 '춘추전국시대의 여러 학파' 를 의미한다고 보면 되겠다. 그런데, 이런 여러 학파의 분류가 이루어진 것은 춘추전국시대 그 당시가 아니고, 좀 이후의 시기인 漢代(기원전 207년-기원후220)이다. 특별히 『사기』의 저자로 유명한 사마천의 아버지 사마담은 『육가요지』라는 책에서 제자백가를 여섯(도가, 유가, 묵가, 법가, 명가, 음양가)으로 나누어 설명한다. 조금 뒤의 책인 『한서』 「예문지」에서는 제자백가를 열 개(육가에 더해서 종횡가, 잡가, 농가, 소설가)의 학파로 나누어 설명하고 있다. 그러니까 학파의 분류는 춘추전국시대의 사상가들이나 그 당시의 사람들에 의해 이루어진 것이 아니라, 훨씬 후대인 한대의 역사가들에 의해 이루어진 것이라는 점을 기억해야 한다. 따라서 후대의 역사가들에 의해 도가라는 같은 학파로 분류된 노자와 장자가 살아 생전에 도가의 정체성 즉 스스로 자신의 사상을 유가나 묵가와는 다른 도가적인 것이다라는 일종의 학파 의식을 가졌을 것이라고 보는 것은 옳지 않다. 이것은 어디까지나 후대의 분류이기 때문이다. 하지만 묵가는 이와는 달리 제자백가 중에서도 유가와 더불어 학파의 정체성이 있었던 그룹이었다. 즉 유가의 사람들은 자신들이 공자를 창시자로 하고, 그 공자의 사상을 추종하는 집단에 속해 있다는 의식이 있었다. 마찬가지로 묵가의 사람들도 자신들이 묵적을 창시자로 하여, 그 묵적의 사상을 추종하는 집단의 멤버들이라는 의식이 있었다. 따라서 유가와 묵가는 중국의 춘추전국시대에서 가장 대표적인 학파라고 할 수 있다. 또한 흥미로운 것은 제자백가들 중에서 흔히들 유가와 도가를 대표적으로 갈등이 있었던 학파로 생각하지만, 그것은 역사적 사실에 비추어 보면 반드시 그렇지 않다. 유가와 도가는 춘추전국시대에만 하더라도 서로 대척점에 있지 않았다. 대표적인 갈등은 오히려 『한비자』라는 책에서 보듯이 유가와 묵가였다.

묵가의 창시자 묵자의 이름은 묵적(墨翟)이라고 알려져 왔다. 묵적은 대체로 기원전 5세기 전반기에 태어나 기원전 4세기 초에 세상을 떠난 것으로 추정해 볼 수 있으니, 공자 사후에 태어나 맹자보다 앞서 활동했던 사상가인 셈이다. 공자라 일컬어지는 공구(孔丘)의 성이 공(孔)씨라 하면, 묵적의 묵도 묵자의 성 같은데, 이런 성이 중국에 있었는지는 의문이다. 물론 노자의 성이 노가 아니라 이(李)라는 점에 비추어 보면 묵을 꼭 성으로 볼 필요는 없을 것이다. 묵(墨)이 낙인과 같은 죄수 표시를 나타내는 것에서 왔다거나 혹은 기술자들을 가리키는 말이라는 설도 있지만, 무엇하나 확실한 것이 없다. 다만 『묵자』의 내용으로부터 묵가 집단이 기술자, 군사 집단 등과 밀접한 연관이 있다는 점은 분명한 것 같다.

앞서 말했듯이, 『묵자』[9]는 공자학파 즉 유가(儒家)에 대한 최초의 비판자들이었던 묵가(墨家)의 사상이 담긴 책이다. 묵가의 대표적 주장들인 비악, 절장, 상동, 상현, 명귀, 비명 등은 유가의 핵심적인 가르침을 반박하는 것이라고 생각되어왔다.[10] 묵가는 B. C. 5세기말의 인물인 묵적(墨翟 혹은 墨子라 불림)에 의해 창시된 집단으로서 대략 3세기말까지 존속하였다. 즉 주로 전국시기(戰國時期)에 활동했던 제자백가 중의 한 학파인 셈이다. 따라서 그들은 대략 지금으로부터 2500년 전 사람들이다. 이들은 거자(鉅子)라는 지도자를 중심으로 매우 엄격하게 구성된 수공업 기술자들 혹은 군인들의 결사조직[11]으로 알려져 왔다. 또 종교적 결사조직의 성격도 가지고 있었다.[12] 이 학파는 묵자 사후에 3파로 나뉘어졌다고 하는데,[13] 이러한 문헌적 사실과 묵가의 핵심사상이라 할 수 있는 열 개의 주

9) 앞으로 『묵자』를 인용할 때는 편장만 인용한다. 번역본은 큰 문제가 없으면, 주로 김학주 역, 『신완역 묵자』 상, 하, 명문당, 2003을 이용하였다.

10) 마크 에드워드 루이스, 『고대 중국의 글과 권위』, 최정섭 옮김, 미토, 2006, p. 148.

11) 묵가는 공격적 전쟁은 비난하였지만, 방어전쟁을 옹호하였고, 계약을 맺고 약소국을 도와주는 전쟁청부업자들이었다고 한다.『묵자』「공수」편에는 묵자의 제자 금활리가 300인을 이끌고서 약소국인 송나라를 도와 초나라의 대군을 막았다는 일화가 있다.

12) 모리 미끼사부로 (森三樹三郎)는 묵가 집단의 단결의 중심에는 다신교적인 신앙이 있다고 하고, 그 예로 「迎敵祠」편에 적이 공격할 것에 대비해 사방에 신단을 설치하고, 신소(神所)에 엎드려서 전승을 기도하라는 부분을 지적하고 있다. 森三樹三郎, 『中國思想史』, 동경: 제삼문명사, 1998, 112쪽.

13) "상리근의 제자들과 오후의 무리들 및 남방의 묵가인 고획, 기치, 등릉자의 무리들은 다 같이 묵가의 경전을 읽고 외웠지만, 서로 어긋나 주장이 같지 않게 되어 서로 상대를 별묵이라고 공격하였다. 그리고, 견백, 동이의 논변으로 서로 헐

장들이[14] 『묵자』에 각각 상 · 중 · 하로 나뉘어져 전해 내려온다는 사실로부터, 후대의 학자들은 현재의 『묵자』편제가 묵자 사후 묵자의 주장들이 대체로 세 가지 다른 방식으로 구전되었음을 반영하는 것이 아닌가 추측하기도 한다. 그러나 이런 가정은 상 · 중 · 하 각 편이 일관된 입장으로 해석될 경우에만 입증될 것인데, 현재의 텍스트로는 그런 입증이 가능하지 않다. 상 · 중 · 하 각각이 일관적이지 않을 뿐만 아니라, 사실 상 · 중 · 하의 차례가 어떤 순서를 나타내는 것 같지도 않다. 그러나 적어

도 이 열 개의 교설은 생각보다 일찍 묵자의 대표적 주장으로 성립되었음을 보여주는 여러 증거들이 나오고 있다.[15] 그리고 『묵자』중의 일부는 전국말기의 문체나 내용을 포함한 부분들이 있어 전기의 묵가가 썼다고 보기 힘든데, 대표적으로 『묵자』제 40편-제 45편[16]은 묵가사상의 계승자

뜯고, 서로 어긋나고 이치에 맞지 않는 말로 서로 대응하였다. 그리고 자신들의 우두머리인 거자를 성인이라고 생각하고, 모두가 묵가의 종주가 되어 후세에 묵가의 후계자가 되기를 바라는 상태가 지금까지 계속되고 있다" (相里勤之弟子 五侯之徒 南方之墨子 苦獲 己齒 鄧陵子之屬 俱誦墨經 而倍譎不同 相謂別墨 以堅白同異之辯相訾 以觭偶不仵之辭相應 以巨子爲聖人 皆願爲之尸 冀得爲其後世 至今不決)『장자』「천하」;"묵자가 죽은 뒤로부터 상리씨의 묵가가 있고, 상부씨의 묵가가 있고, 등릉씨의 묵가가 있다". (自墨子之死也 有相里氏之墨 有相夫氏之墨 有鄧陵氏之墨)『한비자』「현학」.

14) 흔히들 '묵가십사(墨家十事),' '묵가십론(墨家十論)' 혹은 묵가(墨家)의 '십대구호(十代口號)' 라고 한다. 즉 '상현(尙賢 현명한 이를 높임),' '상동(尙同 위로 일치함),' '겸애(兼愛 똑 같이 사랑함),' '비공(非攻 공격적 전쟁을 반대함),' '절용(節用 비용을 절약함),' '절장(節葬 장례를 검소하게 함),' '천지(天志 하늘의 뜻),' '명귀(明鬼 귀신을 밝힘),' '비악(非樂 음악을 배격함),' '비명(非命 운명을 배격함)'.

15) 예컨대 이 묵가십사는 「노문」에 거의 그대로 언급된다: "국가가 혼란하면 상현과 상동을 말해준다. 국가가 가난하면 절용과 절장을 말해준다. 국가가 음악을 좋아하여 거기에 빠져 있다면 비악과 비명을 말해준다. 국가가 음란하고 예가 없다면 존천과 사귀를 말해준다. 국가가 남의 것을 빼앗고 침략하기에 힘쓴다면 겸애와 비공을 말해준다." (國家昏亂 則語之尙賢尙同 國家貧 則語之節用節葬 國家憙音湛湎 則語之非樂非命 國家淫僻無禮 則語之尊天事鬼 國家務奪侵凌 卽語之兼愛非攻).

들, 즉 후기묵가(後期墨家)에 의해 쓰여진 것으로 추정되고 있다.[17] 이 부분은 착간과 오탈자가 많아 내용 파악에 어려움이 많은데, 그럼에도 19-20세기 초 필원, 손이양과 같은 청대 고증학자들, 20세기 후반에서 21세기 초반에는 담계보, 그레이엄(A. C. Graham) 같은 일련의 논리학자 및 철학자들의 도움에 의해 어느 정도 해독이 가능해졌다. 여기에는 주로 논리학, 기하학, 윤리학, 역학, 광학, 경제학 등의 내용이 포함되어 있다.

묵가와 동시대 혹은 그 이후 사상가들의 전언에 의하면 묵가는 전국시기에 그 세력을 크게 떨친 학파였다. 맹자에 따르면, 묵가는 양주학파(楊朱學派)와 함께 유가학파에 위협이 되는 당시 가장 영향력 있는 학파였다고 한다. 양주학파가 생명을 강조하는 은둔주의 사상가들이고, 유가는 가족 윤리를 바탕으로 한 국가통치[18]를 강조하는 사상가들이라면, 묵가는 겸애(兼愛)라는 무차별적 사랑을 강조하는 사상가들이라고 할 수 있다. 이처럼 이들 세 학파의 관점은 나름대로 분명한 특성을 가지고 있는데, 제자백가사상은 바로 이러한 기본적 사유경향들의 상호교류를 통해 심화 · 발전되어 갔다고 볼 수 있다. 그런데 흥미로운 점은 묵가에 대한 상대학파들의 평가는, 대체로 부정적이지만 생각만큼 그렇게 극단적으로 혹독하지는 않았다는 것이다. 여러 학파 중에서 비교적 혹독하게 묵가를 공격한 것은 유가이며, 그들이 묵가 비판에 혹독했던 이유는 묵가가 자신들의 본질적 윤리관이나 정치관을 뒤흔든다고 보았기 때문이다. 그러나 유가와

---

16) 이것은 흔히 「墨經」혹은 「墨辯」이라고 불리는 부분이다. 여기서는 「墨經」으로 통일한다. 그러나 이를 인용할 때는 「묵자」의 편장명을 사용하였다.

17) 흥미롭게도 와타나베(渡邊卓)는 묵가 집단을 역사적으로 전기, 중기, 후기로 나누는데, 이 「묵경」의 저자들이 후기가 아니라, 중기묵가에 속한다고 한다. cf. 渡邊卓 「古代中國思想の硏究」(東京 : 創支社, 1977).

18) 「장자」는 묵가를 유가의 라이벌 사상으로 그리고 있다.

는 다른 윤리관, 정치관을 보여주는『장자』「천하」의 경우, 묵가의 주장이 단지 보통의 사람들이 감당하기 힘든, 즉 인심에서 벗어난 것이라고만 지적할 뿐, 묵가를 반윤리적 집단으로 비판하지 않는다. 도가를 존숭한 훨씬 후대의 사마천의 『사기』에도 묵자에 대한 평가는 간략하지만 혹독하지 않다. 그것은 아마도 겸애와 비공이라는 묵가의 기본 교설이 적어도 묵가는 개인적 이득을 위하여 의로움을 저버릴 인물들도 아니고, 벼슬이나 헛된 명예에 집착할 사람들도 아니라는 인상을 주었기 때문일 것이다. 한 마디로 묵자는 비록 실행하기 어려운 극단적 주장을 하기는 하지만, 어쨌든 공적인 것을 위해 자기를 희생하는 선한 의지의 인물로 간주되었다는 것이다. 이전에 상영된 유덕화와 안성기 주연의 중국영화 〈묵공〉에서도 묵가를 비교적 이런 측면에서 다루고 있었다.

『한서』「예문지」에 따르면 『묵자』는 원래 71편으로 되어 있으나, 현재 남아있는 『묵자』는 53편이다. 그러나 이 53편으로 구성된 『묵자』도 당대(唐代)로부터 명초(明初)까지는 거의 알려지지 않았다. 이 시기에는 『묵자』 13편만 수록된 책이 알려져 있었으나, 다행스럽게도 『묵자』는 다른 제자백가의 문헌처럼 『도장 (道藏)』에 고스란히 보존되어있어서, 명대 이후에는 현존하는 것과 같은 53편의 『묵자』가 인구에 회자되었다고 한다. 『묵자』의 내용 분류는 학자 간에 다소 차이가 있지만 대체로 다섯 부분으로 나누어 볼 수 있다:

제1단 : 제1편~제7편 / 잡다한 내용으로 되어 있는 묵가의 개론이다.

제2단 : 제8편~제39편/ 이른바 묵가의 10대 주장 (墨家十事)인 묵가의 핵심 교설이 다루어지고 있다. 명귀(明鬼), 천지(天志)와 같은 종교사상이 중요하다.[19)]

제3단 : 제40편~제45편/ 후기묵가의 저작으로 묵가의 논리학과 과학사상이 논의된다.

제4단 : 제46편~제50편/ 묵자의 언행이 기술되어 있다.

제5단 : 제51편~제71편/ 방어전쟁에 관한 내용이 있다.

이 중에서도 묵가의 핵심 교설을 알 수 있는 두 번째 부분과 후기 묵가의 과학과 논리 사상을 잘 알 수 있는 세 번째 부분이 특히 중요하다.

나. 묵가사상의 본질과 그 의의

『묵자』는 비교적 쉽고, 분명한 직설적 문장들로 쓰여져 있음에도 그 전체 사상을 체계적으로 이해하기가 쉽지 않다. 그것은 『묵자』주장들이 가지고 있는 양면성 때문이다. 묵가는 무차별적 사랑(兼愛)과 공격적 전쟁에 대한 비판(非攻)을 통해 박애와 평화사상을 고양하는 한편, 때로는 공격 전쟁도 옹호하고, 또 무차별적 사랑의 동기로 인간의 이기성을 내세우는 이중성도 보여준다. 무차별 평등사상에서 나타나는 인간에 대한 긍정적 태도는, 겸애를 위해 윗사람이나 하늘의 뜻에 무조건 따라야 한다고 주장할 때 드러나는 위계적 사고, 인간에 대한 부정적 태도와 충돌되는 것처럼 보인다. 묵가는 한편으로 운명적인 것을 믿지 않을 것, 관습적인 것을 올바름이라고 착각하지 말 것, 올바름은 어떤 기준을 통해서 세워야 한다는 것을 주장함으로써, 의지적이고 합리주의적 태도를 보여주지만, 다른 한편으로는 귀신의 존재와 하늘의 뜻을 강조하는 소극적이고 미신적인 태도도 드러낸다. 이택후는 이러한 묵가의 모순성을 나약한 소생산 노동자가 가지고 있는 '이중적 성격' 이라 했다.[20] 그러나 이러한 독해는 모순

19) 제 39편 비유는 묵가십사에 포함되지 않기에, 제 4단에 위치시키기도 한다.

적 측면을 그대로 인정하는 것으로 묵가사상에 대한 체계적 이해가 될 수 없다.

묵가사상의 양면성을 묵가사상의 역사적 진행과정으로 설명하는 흐름도 있다. 예컨대 와타나베 (渡邊卓) 같은 학자는 묵가사상을 전기, 중기, 후기로 구분하고 초기의 순수하고 이타적이던 묵가사상이 점차 이기적이고, 권위적인 방향으로 진행되어 갔다고 본다.[21] 마찬가지로 그레이엄(A.C. Graham)도 묵가학파의 사상을 좀 더 평등적이고 개혁적인 방향에서 보다 위계적이고, 퇴행적인 방향으로의 진행과정으로 그려내고 있다.[22] 혹은 전혀 반대의 진행과정으로 보는 학자도 있는데, 예컨대 드푸르트(Carine Defoort)나 프레이저(Chris Fraser) 같은 학자들은 묵가가 초기의 호혜적 관점에서 점차 이타적, 무조건적 사랑으로 이행했다고 본다.[23] 그러나 이와 같은 역사적 진행과정에 따른 구분의 진위여부는 현재의 텍스트로부터는 확인이 쉽지 않다. 따라서 나는 여기서 이런 역사적 방식을 통해 텍스트 내의 모순과 불일치를 설명하기 보다는 최대한 텍스트 내의 논리에서 정합성을 찾아 독해하려고 한다. 그래도 여의치 않을 경우에만 역사적 접근법을 통해 보완을 해보려고 한다.

역사적으로 묵가는 구분(別)보다는 통합(兼), 명분(名)보다는 실질(實)을 숭상한 사람들로 그려진다. 묵가의 대표적 윤리, 정치 주장인 겸애(兼

20) 리쩌허우, 『중국고대사상사론』, 정병석 옮김 (서울: 한길사, 2005), pp.156-7.

21) 渡邊卓, 『古代中國思想の硏究』 (東京: 創文社, 1977).

22) A. C. Graham, "Divisions in Early Mohism Reflected in the Core Chapters of Mo-tzu" (Singapore: National University of Singapore, Institute of East Asian Philosophies, 1985).

23) 戴卡琳 「『墨子 · 兼愛』上 中 下篇是関於兼愛 - "愛"範囲的不拡大」 墨子 2011年 國際硏討會論文集 中國 · 包頭 2011.08. pp.60-72; Chris Fraser, "The Ethics of the Mohist "Dialogues"" unpublished manuscript.

愛)와 상동(尙同)은 바로 이들이 구분보다는 통합을 추구한 사람들임을 드러내 준다. 유가의 핵심가치인 예(禮)가 구분과 분류의 체계임을 생각할 때, 묵가를 유가의 라이벌 사상으로 그려낸 것은 이점에서 이해할 수 있다. 또한 그들은 유가의 예악문화(禮樂文化)(名)를 실용적 · 실질적(實) 입장에서 비판함으로써 유가의 명분론과 한층 더 날카롭게 대립각을 세운 학파로 그려진다. 묵가가 실용적 · 실질적 입장에 서게 된 것은 이들이 주로 하층민 기술자들로 이루어진 군사집단이었기 때문으로 생각되었다. 또한 이들의 문장표현이 반복적이고 문체가 세련되지 못한 것은, 이들이 비록 유가에 근원을 두었지만 그들의 출신성분의 한계로 인해, 제대로 된 문학 교육을 받지 못한 사람들이었기 때문이라고 말해졌다. 그럼에도 이처럼 세상 사람을 똑같이 사랑하라는 그들의 교설과 공격적이고 특히 정당하지 못한 전쟁은 수행하지 말라는 주장, 그리고 백성의 피폐한 상황을 들어 화려한 예악 활동을 반대한 실리적 태도 등은 비록 그들의 주장이 현실에 부합하지 않는 점이 있다고 해도 동기의 순수함 때문에 비교적 높이 평가되어 왔다. 하지만 그들이 정말로 이런 평가처럼 선한 의지를 가진 사랑의 전도사였는가, 또 정말로 그들이 하층민 출신의 지식인들로 그들의 특정한 계급적 이데올로기를 전파하였는가, 나아가 그들이 정말 고대 중국의 군주제나 봉건 가부장제, 나아가 인륜과 예악을 거부한 극단적인 평등 사상가였는가 하는 점을 따져보면, 반드시 그렇다고 자신 있게 말할 수 없다. 오히려 그들은 유가와 마찬가지로 봉건제, 군주제, 가부장제 등을 승인하고 인륜과 예법 등을 승인한 사상가들이었으며,[24] 이타심뿐만 아

24) 사실 이것들은 춘추전국시대 누구도 (심지어 법가나 도가까지도) 거부하지 않았던 가치들이었다.

니라 인간의 이기심 또한 도덕적 행위의 주요동기로 인정하였다. 이런 점에서 유가와 묵가의 차이는 그리 크지 않다고 할 수 있다. 묵가는 유가 주장의 어떤 지나침을 비판했을 뿐이다. 이렇게 본다면, 묵가와 유가사상의 차이는 겉으로 드러나는 주장들과는 달리 그렇게 크지 않을 수도 있다.[25)]

묵가와 유가의 차이는 다음과 같은 점들을 검토함으로써 드러나게 될 것이다. 묵가의 표면적 이타주의가 실제로는 그렇게 따뜻한 동기에서 시작된 것이 아니라 주로 합리적인 손익계산에 의해 이루어진 것이라는 점, 그들은 유가나 도가와 달리 세계의 내적 질서를 믿지 않았다는 점, 단순한 덕성보다는 지적 능력을 더 중요시하였다는 점 등이 그것이다. 묵가사상은 흔히 겸애와 절용[26)]으로 대표되는 전기 묵가의 사상, 그리고 논변술에 관심을 갖는 후기 묵가의 사상으로 양분된다. 그러나 겸애와 절용의 입장은 후기 묵가에서도 보이고, 논변의 합리성을 중요하게 여기는 측면 또한 전기 묵가에서도 그 연원을 찾을 수 있다. 이로부터 통합주의(무차별주의), 실리주의, 합리주의가 전 · 후기를 관통하는 묵가 사상의 핵심적 요소임을 짐작할 수있을 것이다. 이러한 점들은 이하에서 묵가에 대한 철학적 해석을 통해 드러날 것이다.

---

25) 적어도 한(漢) 제국 시기에 공자와 묵자는 거의 차이가 없는 사상가로 병칭되었다. cf. Nylan, Michael, "Kongzi and Mozi, the Classicists (Ru 儒) and the Mohists (Mo 墨) in Classical-Era Thinking". *Oriens Extremus* 48 (2009): 1-20.

26) 겸애는 『맹자』에 의해, 절용은 『순자』와 『사기』에 의해 각각 묵가의 대표적 사상으로 여겨졌다. 이러한 사실은 맹자가 친친(親親)의 인(仁)을, 순자가 예(禮) 혹은 문(文)을 강조했다는 사실과 대응된다. cf.『사기열전 · 맹자순경열전』에는 묵가의 창시자 묵자에 대한 짧은 이야기가 나온다. "묵적(墨翟)은 송(宋)나라의 대부로서 수성과 방어의 전술에 능하였으며, 비용을 절약할 것을 주장하였다. 어떤 사람은 그를 공자와 같은 때의 사람이라고 말하기도 하고, 어떤 사람은 공자보다 뒤에 살았던 사람이라고도 하였다". (蓋墨翟 宋之大夫 善守禦 爲節用 或曰並孔子時 或曰在其後).

3. 통합주의 : 겸애(兼愛)와 비공(非攻)

3. 통합주의 : 겸애(兼愛)와 비공(非攻)

가. 겸애

묵가의 대표적 주장은 겸애라고 말해진다. 겸애는 특히 전기 묵가의 대표적 수상들인 묵가십사(墨家十事 : 겸애, 비명, 비악, 절용, 절장, 비공, 천지, 상동, 명귀, 상현) 중의 하나이지만, 이것은 또한 그 모든 주장들을 아우르는 특성을 지닌다. 마치 유가의 인(仁)이 유가의 대표적 덕목인 오상(五常 : 仁 · 義 · 禮 · 智 · 信) 중의 하나이지만, 이 모든 것을 포괄하는 것과 마찬가지다. 내가 보기에 묵가의 겸애는 묵가의 십대주장은 물론이고, 후기 묵가의 논리학적 사고들을 추동하고, 그 사고들에도 깃들여 있는 주장이다. 나는 묵가 학설의 특징을 부분보다는 전체를, 감성이나 관습보다는 이성이나 합리성을, 추상적 명분보다는 구체적 실리를 강조하는 것으로 보는데, 겸애에는 이 모든 요소가 모두 포함되어 있기 때문이다.

겸애의 목표: 부분보다 전체

겸애는 묵가의 대표적 주장으로, 묵가에 의해 그 당시의 혼란을 극복할 처방으로 제시되었다. 제자백가들이 각자 난세를 구할 처방을 갖고 출현했는데, 묵가는 바로 이 처방으로 겸애를 말한 것이다.

> 일찍이 살펴보건대 혼란은 어디에서 일어나고 있는가? 서로 사랑하지 않음에서 일어난다. 신하와 자식이 그의 임금이나 아버지에게 도리에 어긋나는 짓을 하는 것이 이른바 혼란이다. 자식은 자신은 사랑하면서도 그의 아버지는 사랑하지 않는다. 그래서 아버지를 해치면서 자신을 이롭게 하는 것이다. 아우는 자신은 사랑하면서도 형은 사랑하지 않는다. 그래서 형을 해치면서 자신을 이롭게 하는 것이다. 신하는 자신은 사랑하면서도 임금은 사랑하지 않는다. 그래서 임금을 해치면서 자신을 이롭게 하는 것이다. 이것이 이른바 혼란인 것이다 · · · · 만약 온 천하로 하여금 모두가 아울러 서로 사랑하게 하여 남을 사랑하기를 그의 몸을 사랑하듯 한다면, 그래도 효성스럽지 않는 자가 있겠는가? 부형이나 임금보기를 그 자신과 같이 한다면 어찌 효성스럽지 않겠는가? 아우와 자식과 신하 보기를 그 자신과 같이한다면 어찌 자애롭지 않게 행동하겠는가? 그러므로 효성스럽지 않거나 자애롭지 않음이 있지 않게 될 것이다… 그러므로 천하가 모두 아울러 서로 사랑하면 곧 다스려지고, 모두가 서로 미워하면 어지러워지는 것이다.[27]

겸애는 한마디로 '차별적으로 사랑' 하지 말고, '두루 사랑' 하자는 것이다. 말은 좋지만, 이것은 불가능하다고 많은 사람이 비판했다. 그러나 묵

---

27) "當察亂何自起 起不相愛 臣子之不孝君父 所謂亂也 子自愛 不愛父 故虧父而自利 弟自愛 不愛兄 故虧兄而自利 臣自愛 不愛君 故虧君而自利 此所謂亂也 ...若使天下兼相愛 愛人若愛其身 有不孝者乎 視父兄與君若其身 惡施不孝 猶有不慈者乎 視弟子與臣若 其身 惡施不慈 故不孝不慈亡有....故天下兼相愛則治 交相惡則亂" (「겸애상」).

가는 단순히 말만 하는 것에 그치지 않고, 혹은 단순히 아는 것에 그치지 않고, 행동에 옮기기를 강조하는 행동주의자, 혹은 의지주의자답게 "좋지만, 실행할 수 없는 이론"이라는 말은 모순적이라고 생각했다. 그리고서 묵가는 겸애가 좋다는 것과 함께, 여러 가지 겸애의 실행방안을 제시한다. 그것은 상벌 즉 위협이나 인센티브를 주는 것일 수 있고, 혹은 합리적 설득의 과정을 통한 것이었다. 묵가는 기본적으로 이 모든 것을 다 사용한다. 다시 말해, 겸애가 어려워 보이지만, 군주가 상과 벌로써 겸애를 진작시킨다면 그것은 그리 어려운 일이 아니라고 생각했다. 『묵자』「겸애」편에는 어렵지만 왕의 권유(혹은 위협)에 의해 사람들이 어려운 일을 무릅쓰는 경우들을 제시하고 있다. 나아가 「천지」편이나 「명귀」편에서는 천의 권위와 귀신에 대한 두려움을 이용하여 겸애를 권유하고 있다. 게다가 묵가에게는 사람들 사이의 호혜적 관계에 대한 믿음이 있었다. 즉 사람들 사이의 상호관계는 일방적인 것이 아니고, 상호적이어서, 내가 적대감을 보인다면 상대방도 적대감을 보일 것이고, 마찬가지로 내가 겸애의 태도로 대한다면 상대방도 이런 태도로 나를 대해주리라는 기대를 할 수 있다고 했다.

> 그러므로 먹을 것을 제약하고 자기 몸을 불태우고 거친 옷을 입는다는 것은 천하의 지극히 행하기 어려운 일들이다. 그러나 여러 사람들은 행하였고, 임금은 그것을 기뻐하였던 것이다. 어째서인가? 곧 그들의 임금에게 영합되기를 바랐기 때문이었다. 지금 모두가 아울러 서로 사랑하고 서로 이롭게 하는 것은 이익이 있고 또 행하기 쉽다는 것은 일일이 말할 필요도 없는 것이다. 내 생각으로는 다만 그것을 기뻐하는 임금이 있지 않을 따름인 것이다. 진실로 임금 중에 그것을 기뻐하는 사람이 있어서 그것을 시상과 명예로 권면하고 형벌로서 위

압한다면 내 생각으로는 사람들이 아울러 서로 사랑하고 서로 이롭게 하는 길로 나가는 것은 비유를 들면 마치 불이 타오르고 물이 흘러내리는 것처럼 천하에는 방지하는 방법이 없을 것이다.[28)]

하늘에게는 숲이나 골짜기 속의 한적하고 아무도 없는 곳이라 하더라도 아무것도 몰래 할 수 없으니 밝게 반드시 보고 있는 것이다. 그러나 천하의 군자들은 하늘에 대하여는 갑자기 서로 경계할 줄을 모른다. 이것이 내가 천하의 군자들은 작은 것은 알면서도 큰 것은 알지 못함을 아는 까닭인 것이다.[29)]

백성들이 난폭하고 반란을 일삼고 도적질을 하며, 무기와 독약과 물과 불로써 한길이나 골목길에서 죄 없는 사람들을 가로막고 그들의 수레와 말과 옷가지를 약탈하여 자기의 이익을 추구하는 자들이 한꺼번에 생겨난 것은 이로부터 비롯된다. 이리하여 천하가 어지러워진 것이다. 그렇게 된 까닭은 무엇 때문이겠는가? 곧 모두가 귀신이 있고 없는 분별에 의혹을 지니어, 귀신이 현명한 사람에게는 상을 주고 포악한 자에게는 벌을 내린다는 것을 알지 못하였기 때문이다. 지금 만약 천하의 사람들로 하여금 귀신이 현명한 사람들에게는 상을 주고 포악한 자에게는 벌을 내린다는 것을 믿게 한다면 천하가 어찌 어지러워지겠는가? · · · · 지금 천하의 임금과 대신들과 관리와 군자들이 진실로 천하의 이익을 도모하고 천하의 해를 제거하려 한다면, 마땅히 귀신이 있다는 일을 존중히 여기며 밝히지 않아서는 안 될 것이다.[30)]

---

28) "是故約食 焚舟 苴服 此天下之至難爲也 然後爲而上說之 未踰於世而民可移也 何故也 卽求以鄕其上也 今若夫兼相愛 交相利 此其有利且易爲也 不可勝計也 我以爲則無有上說之者而已矣 苟有上說之者 勸之以賞譽 威之以刑罰 我以爲人之於就兼相愛交相利也 譬之猶火之就上 水之就下也 不可防止於天下"「겸애하」.

29) "夫天不可爲林谷幽門無人 明必見之 然而天下之士君子之於天也 忽然不知以相儆戒 此我所知天下士君知小而不知大也"「천지상」.

30) "民之爲淫暴寇亂盜賊 以兵刃毒藥水火 退無罪人乎道路率徑 奪人車馬衣裘以自利者並作 由此始 是以天下亂 此其故何以然也 則皆以疑惑鬼神之有與無

> 남을 사랑하는 사람에게는 남들도 역시 그를 따라서 그를 사랑하게 되고 남을 이롭게 하는 사람에게는 남들도 역시 그를 따라서 그를 사랑하게 되고 남을 이롭게 하는 사람에게는 남들도 역시 그를 따라서 그를 이롭게 해준다. 남을 미워하는 사람에게는 남들도 역시 그를 따라서 그를 미워하고, 남을 해치는 사람에게는 남도 역시 그를 따라서 그를 해치게 된다.[31]

이처럼 묵가의 겸애는 그것이 상벌에 의한 것이건, 아니면 상대방으로부터 그 보답을 받을 것이라고 생각해서이건 다분히 이기적 동기를 가지고 있다. 이는 맹자가 보여준 인(仁)이라는 도덕적 행위가 가지고 있는 이타적 동기 즉 측은지심과는 차별이 있는 것 같다. 겸애나 인이나 모두 사람을 사랑하는 것은 비슷한 것 같은데, 묵가가 약간 이기적인 동기에서 겸애를 하라고 했다면, 맹자는 이타적 동기에서 인을 행하라고 한 것 같다. 사실 맹자는 묵가를 공자의 가르침을 심하게 훼손하는 이단의 학설을 퍼뜨린다고 공격했다. 그런 묵가 비판의 핵심은 묵가의 겸애가 이기적 동기에서 시작했다는 것이다. 예컨대, 『맹자』「등문공상」에 묵가인 이지(夷之)의 이야기가[32] 나오는데, 유가와 묵가의 차이를 잘 보여주는 일화이다. 이지는 묵가의 가르침인 절장을 무시하고, 자신의 부모 장례를 후하게 치렀다. 이를 지적한 맹자에 대해, 이지는 묵가의 겸애나 유가의 인은 다 같은 목표를 지닌 학설이라는 점을 들어 자신의 행동을 옹호하려고 하였다. 즉

之別 不明乎鬼神之能賞賢而罰暴也 今若使天下之人 偕若信鬼神之能賞賢而罰暴也 則夫天下豈亂哉...今天下之王公大人士君子 實將欲求興天下之利 除天下之害 故當鬼神之有與無之別 以爲將不可以不明察此者也"「명귀하」.

31) "夫愛人者 人必從而愛之 利人者 人必從而利之 惡人者 人必從而惡之 害人者 人必從而害之"「겸애중」.

32) 3A5.

차별없는 사랑인 묵가의 겸애도 자신의 부모를 사랑하는 것으로부터 시작할 수 있으므로, 자신의 행동은 비록 묵가 가르침의 하나인 절장을 위반한 것처럼 보이지만, 큰 틀에서 묵가의 대표적인 가르침인 겸애를 따르고 있기에 아무 문제가 없을 것이라는 듯이 이야기 하고 있다. 그러나 맹자는 묵가의 겸애가 말로는 가족애로부터 시작할 수 있다고 하지만, 실제로 가족애의 토대를 갖고 있지 않다고 생각했다. 보편적 사랑이 과연 가족애를 끊음으로써 가능한가, 아니면 그 가족애의 확장으로써만 가능한가라는 라는 논쟁에서 보이는 입장의 차이가 유가와 묵가의 차이, 인과 겸애의 차이이다. 좀 더 자세한 논의를 하여보자.

먼저 겸애(兼愛)가 부분보다는 전체를 강조한다는 것은 바로 겸애의 내용이 별애(別愛)와 대비되어 제시되는 것에서 잘 알 수 있다. 겸애가 친소 구분 없이 모든 사람을 똑같이 사랑하라는 주장이라면, 별애는 자신에게 가까운 사람, 즉 자신이나 자신의 가족만을 편애하는 것이다. 묵자는 세상의 혼란의 근본 원인을 이런 별애 때문이라고 주장하며, 따라서 세상을 다스리기 위해서는 이런 별애의 태도가 아니라, 모든 이를 똑같이 사랑하는 겸애의 태도로 나아가야 한다고 주장한다. 흥미로운 점은 「겸애중」과 「겸애하」편에서 겸상애(두루 서로 사랑함)가 교상리(서로 이익을 줌)와 함께 등장한다는 것이다. 이것은 겸상애와 교상리의 의미가 크게 다르지 않음을 가리킨다. 이러한 묵자 주장의 이면에는 인간은 상호 호혜적으로 관계를 맺어간다는 생각과 인간은 측은해하는 도덕심을 가진 이타적 존재라기보다는 기본적으로 이기심에 입각한 존재라는 생각이 가정되어 있다. 다시 말해 묵자는 내가 상대에게 겸애의 태도를 보이면 상대도 나에게 겸애의 태도를, 내가 상대에게 별애의 태도를 보이면 상대도 나에게 별애의 태도를 보인다는 점, 우리의 행동은 대부분 이타적이라기보다는 이기적

동기에 의해 이끌려 진다는 생각을 가지고 있었다는 말이다.[33)]

반드시 내가 먼저 남의 어버이를 사랑하고 이롭게 해주는 일에 종사 한다면, 뒤에 남도 나의 어버이를 사랑하고 이롭게 해줌으로써 보답하게 될 것이다.[34)]

묵자가 생각한 별애가 유가의 입장인지에 대해서는 논란의 여지가 있을 수 있다. 어떤 사람은 후기묵가의 저작 『묵경』에서 겸(兼 전체)과 대비되는 체(體 부분)를 사용하여, 인(仁)이 체애(體愛)로 말해지고 있는 점을 들어 『묵자』의 「겸애」편에 나오는 별애가 바로 유가의 인(仁)을 가리키는 것이라고 주장하기도 하지만, 반드시 그렇다고 보이지는 않는다. 왜냐하면 별애는 자기애를 포함하는데, 유가의 인은 그렇지 않기 때문이다. 오히려 공자의 인(仁)이 가지는 어떤 나쁜 결과 내지 병리 현상을 별애로 보았다고 할 수 있다. 사실 전기 묵가의 저작들 중에서도 인(仁)은 의(義)와 더불어 바람직한 덕목으로 널리 사용되고 있고, 이 정의가 나타나는『묵경』에서도 도덕 덕목들의 정의는 비난의 맥락보다는 그것들에 대한 묵가식의 이해를 보여주기 위한 것이라고 볼 때, 이때의 체애(體愛)를 꼭 겸애와 대비되는 '부분에 대한 사랑' 으로 이해할 필요는 없을 것 같다. 예컨대, 경(經)의 '인 체애야(仁 體愛也)' 를 '인의 핵심은 사랑이다' 라는 식으로

33) 물론 묵가가 보는 인간행위의 주요 동기들 중에는 단순히 이기적인 것만이 있는 것이 아니기에, 묵가를 윤리적 혹은 심리적 이기주의자라고 볼 필요는 없지만, 이기심이 사람들 행위의 주요 동기들 중의 하나인 것만은 틀림없다. 묵가의 다른 주요 동기들로는 시(是)나 의(義)에 근거한 동기부여, 지도자와 합치하려는 경향, 호혜성을 향한 경향, 사회 질서와 효와 같은 선(善)들을 향상시키려는 동기부여 들이 있다. cf. Chris Fraser, "Moism and Self-Interest" in *Journal of Chinese Philosophy* 35 (3):437-454.

34) "卽必吾先從事乎愛利人之親 然後人報我以愛利吾親也" 『겸애하』.

해석할 수도 있다. 이것이 '유용성 때문에 말을 사랑하는 것과 그런 유용성이 없어도 자기를 사랑하는 것을 비교한' 경설(經說)과 더 정합적이다.[35] 이처럼 유가의 인을 묵가의 별애와 동일시할 필요는 없지만, 특별히 묵가의 주장에 맹자가 강력하게 반대하였기에, 우리는 자연스럽게 별애와 유가의 입장을 연결시킬 수 있다. 다시 말해 별애를 유가의 극단적 입장으로 해석하여 이런 입장과의 비교를 통해 묵자의 겸애 주장을 보다 분명히 알 수 있다. 공자의 후계자임을 자처한 맹자는 당시 유학에 가장 위협적인 주장을 하는 인물로 묵가와 양주 일파를 들었는데, 양주가 극단적 이기주의라면,[36] 묵가는 극단적 이타주의였다. 극단적 이기주의가 국가라는 공동체의 성립을 불가능하게 하는 무군(無君)의 철학이라면, 묵가의 극단적 이타주의는 가족 관계를 파탄시키는 무부(無父)의 철학이라고 믿었다. 아무튼 국가나 가족이라는 인간의 공동체 생활을 유지하지 못하게 만드는 극단적인 생각들로 여겨졌다. 맹자는 이러한 극단주의에 맞서, 유가의 인(仁)은 가족을 중심으로 한 끈끈한 정을 기반으로 하면서도, 가족중심주의에 머물지 않고, 이를 확장하여 국가 공동체를 다스릴 수 있게 한다고 보았다. 한마디로 인을 가족과 국가라는 인간에게 필수적인 공동체 생활을 가능하게 만드는 보편적 원리로 제시했던 것이다.

그런데 묵가가 보기에 유가의 부정에도 불구하고, 유가의 덕목인 인은 모든 사람을 사랑하는 것이 아니고 자신의 가족만을 위하는 가족이기주의다. 아무리 유가가 가족애는 시작일뿐이고, 결국에는 모든 사람을 형제

---

35) "仁 愛己者非爲用己也 不若愛馬 著若明" (자기를 사랑하는 것은 자기를 쓰기 위해서가 아니니 말을 사랑하는 것과 다르다.) 「경설상」.

36) 사실 이 양주의 입장이 묵가의 별애와 더 잘 호응된다. 별애는 자신의 이익에 반하는 가족간의 관계를 부인하는 극단적 이기주의 사상이기 때문이다.

처럼 사랑한다는 목표를 가지고 있다 하더라도, 묵가가 보기에 이는 명목적 목표에 불과하였다. 묵가는 유가의 단계적 사랑을 인정하지 않는다. 아마도 묵가는, 자신의 가족을 다른 사람들과는 다르게 대우하라는 주장과 모든 사람을 사랑하라는 주장은 서로 질적으로 다르므로 양립하기 어렵다고 판단했던 것 같다.[37] 따라서 모든 사람을 사랑하라는 유가의 이상은 유가가 가족과 타인을 다르게 대하라는 주장을 철회하지 않는 이상 성취될 수 없다고 보았다.[38] 모든 사람을 사랑하는 것은 전체적인 것인데, 자신의 가족을 타인과 다르게 대하라는 것은 본질적으로 분파적이라고 본 것이다. 묵가의 관점에서묵가의 겸애는 유가의 분파적 사랑과 달리 처음부터 일관적으로 누구든지 똑같이 대우하라는 주장이므로 논리적 일관성을 지닌 것이다. 가족과 타인을 다르게 대우하라는 유가의 주장을 비판하는 묵가의 태도는 마치 플라톤이 『국가』에서 수호자는 처자를 가져서는 결코 공평할 수 없다고 주장했을 때를 연상하게 한다. 묵가의 입장에서 가족이기주의가 문제가 되는 것은 그것이 전체 공동체보다는 가족[39]이라는 부분적 공동체를 앞세우고 따라서 전체질서를 위협하는 원칙이기 때문이

37) 왕양명의 제자들이 왕양명의 만물일체설이 묵가의 겸애와 유사하다고 생각한 것은 아마도 이런 판단에 기초한 것 같다.

38) 중국 사상 전통에서 법가는 전쟁 중에 부모를 공양하기 위해 탈영하는 병사의 예를 들어, 효와 충의 충돌 상황을 말한다. 森三樹三郎도 유가의 생각과는 달리 가족애와 애국심, 애국심과 인류애 사이의 충돌이 있음을 전쟁의 예를 들어 강조한다. 그는 나아가 묵가의 겸애는 일종의 보편적 인류애로서, 정치적 관심이 강하고, 종교심이 부족한 중국사람에게는 이해될 수 없었던 점이 묵가의 사상이 중국역사에서 사라지게 된 결정적 이유라고 보았다. 森三樹三郎, 『中國思想史』, 동경: 제삼문명사, 1998, 99, 117쪽.

39) 여기서 가족 내지 가정이라고 일컫는 것은 가(家)라는 단어로부터 기원한다. 춘추전국시대에서 가는 단순히 현대의 핵가족에서 보이는 한 울타리에 사는 좁은 의미의 가족이라기 보다는 상당한 지역을 공유하는 지역 공동체로서의 대가족으로 이해해야 할 것이다.

다.

물론 이러한 묵가의 비판에 유가는 억울함을 호소할 수 있다. 유가의 인(仁) 주장은 그저 자신의 가족만을 아끼는 데에 머무르는 것이 아니고, 천하의 모든 사람을 형제처럼 아끼게 되는 데까지 나아가야 한다는 것이라고 말이다. 다시 말해 유가는 인(仁) 주장으로 친친(親親 친척을 더 친하게 대함)을 말하지만, 그것에 머무르지 않고 이를 애인(愛人 다른 사람을 사랑함)으로까지 확장하라고 하고 있으므로, 유가의 인이 부분만을 위하는 사고라는 묵가의 비판은 정당하지 않다는 것이다. 이처럼 유가의 인이 전체보다 부분을 앞세운다는 묵가의 주장은 유가의 인이 그 지향점에 있어서 전체를 우선시하고 있다는 사실로 비추어볼 때 지나친 것이다. 즉 유가에 의하면 자신의 부모에 대한 효도(孝)와 자신의 형제에 대한 사랑(悌)은 인의 시작으로서 중요하지만 이것이 인의 완성은 아니다. 유가의 인은 자신의 가족에 대한 사랑을 타인의 가족에게 확장시킴으로써 가능하다. 이런 의미에서 유가의 인도 그 지향점은 전체를 향하고 있다고 할 수 있다. 즉 모든 사람을 사랑하라는 원칙은 묵가의 겸애에서만 주장되는 것이 아니고 유가의 인에서도 주장되는 것이다. 따라서 유가의 인과 묵가의 겸애는 그 지향점에 있어서 동일한 것이다. 물론 유가가 사랑을 타인에게까지 확장하라고 말했더라도 그것이 완전히 묵가 식의 무차별적 사랑을 옹호한 것은 아니다. 사실 유가의 이상향으로 생각되었던 대동사회도 그 무차별성 때문에 유가의 이상형으로 볼 수 없다는 주장도 나오기 때문이다.[40]

---

40) 풍우란은 『예기』「예운」 편에 나타나는 대동사상이 도가의 정치철학이라고 하였으나, 내가 보기에 묵가의 입장이 더 강하게 반영되어 있는 것 같다. 풍우란, 『중국철학사』, 박성규 옮김, 서울 : 까치, 2002, pp.597-598 참조. 물론 대동사상의 개념이 다양하기에 유가에서도 대동사상을 말할 수 있다는 의견도 있다. 진정염(陳正炎), 『중국의 유토피아 사상』, 이성규 역, 서울 : 지식산업사, 1993, 참조.

차라리 유가의 이상향은 타인을 사랑하더라도 그 사랑에 어느 정도 차별성을 인정하는 친친애인(親親愛人)의 상태라 할 수 있다.

도덕성의 근원: 감성이나 관습보다는 이성이나 합리성

이런 목표의 차이 외에, 유가와 묵가는 목표에 이르는 방식도 다르다. 인은 가족애로부터 시작해서 타인애로 확장하지만, 겸애는 이런 단계를 거부하고 즉각적으로 타인을 자기처럼 사랑하라고 말한다. 이처럼 묵가의 겸애와 유가의 인의 차이는 우선 모든 사람을 사랑하는 목표에 대한 접근방식의 차이에서 찾을 수 있다. 유가는 묵가의 겸애와는 달리 모든 사람을 사랑하는 것이 목표라 하더라도 그 출발점은 자기 가족애에서 시작되어야한다는 점을 지적한다. 즉 유가는 묵가의 보편적 사랑을 단지 이상의 차원에서는 수긍하지만 그러한 이상을 실현하기 위한 접근방법에서는 자기 가족애에서부터 시작해야한다는 점을 주장하고 있다. 그러나 『맹자』 「등문공상」편에는 부모에 대한 특별한 사랑을 인정하는 묵가 이지(夷之)의 경우가 나온다. 이지는 묵가의 겸애도 부모에 대한 특별한 대우로부터 시작할 수 있음을 들어, 유가와의 타협점을 모색한다. 이런 이지의 입장도 묵가의 겸애 주장의 일부로 받아들인다면, 우리는 유가의 인과 묵가의 겸애의 차이를 단순히 점진적이거나 급진적인 것에서 찾아서는 안 되고 다른 곳에서 찾아야 한다. 그것은 아마도 도덕성의 근원 내지 동기의 문제일 것이다. 유가의 인은 인간의 감성적 측면을 확충하여 도달하는 상태로 인간의 감성적 능력과 연결되어 있지만, 겸애는 철저히 지성을 통한 계산에 의해 도달한 귀결로서 이것은 인간의 감성과 연결되어 있지 않다. 유가에게 있어 인간의 감성 즉 우리의 욕구나 감정에 뿌리박지 않는 도덕적 행위는 제대로 된 동기에 의해 뒷받침되지 않은, 그저 가식적인 행위에 지나지 않는다. 어떻게 보면, 묵가의 손익계산에 기반한 도덕행위는 사실 도덕행위라기보다는 합리적 행위라고 볼 수 있다.

겸애가 감성보다는 이성에 치중한다는 것은 어디까지나 겸애가 그저 타고난 감성의 발휘가 아니라, 냉정한 손익계산에서 나온 행동이기 때문이다.[41] 묵가의 겸애와 유가의 인이 가지는 보편적 사랑에 대한 접근방식의 차이 뒤에는 이처럼 보편적 사랑 자체의 성격에 대한 묵가와 유가의 상이한 입장이 숨어있다. 유가가 보편적 사랑을 감정에 기반한 것으로 보았다면 묵가는 이것을 이성에 기반한 것으로 본다. 보편적 사랑을 감정의 일종으로 본 유가에서는 인간의 본능적 감정인 자신의 부모에 대한 감정을 보편적 사랑을 가능하게 하는 동력으로 보았다. 이러한 동력이 없는 보편적 사랑은 겉과 속이 다른 가식적행위라는 것이다. 이와는 달리 보편적 사랑을 감정보다는 이성에 입각한 것으로 본 묵가는 본성상 개체적이고 구체적인 성향을 보일 수밖에 없는 본능적 감정을 보편적 사랑에의 동력이 아니라 방해물로 보았다. 묵가가 보기에 도덕은 감정을 최대한 배제한 이성의 사용에서 가능해진다.

> 기쁨, 노여움, 즐거움, 슬픔, 사랑 (등의 감정)을 버리고 인의(仁義)를 사용해야 한다. 손, 발, 입, 코, 귀가 의(義)에 따라 일을 할 때 반드시 성인이 된다.[42]

41) 물론 냉정한 손익계산은 모든 사람이 수행해야 할 것이 아니다. 그것은 소수의 지도자에 의해 수행되는 것이고, 대다수의 사람들에게 요구된 것은 다음에도 나오겠지만 상동의 권위적 방식을 따라 겸애를 수행하는 것이다.

42) "必去喜 去怒 去樂 去悲 去愛 而用仁義 手足口鼻耳從事於義 必爲聖人"「귀의」.

물론 위의 구절에서 인의(仁義)의 사용을 바로 이성의 사용으로 간주하기는 힘들 것이다. 인의도 또한 감성적 측면을 지니기 때문이다. 그러나 인의는 자연적 감정과는 다르게, 어떤 평가적 감정 즉 적절하고 균형 잡힌 감정이란 의미로 이해해야 한다. 이렇게 보았을 때, 인의의 감정에 이성적 요소가 결합되어 있다고 보는 것은 지극히 자연스러운 생각이며, 따라서 묵가의 겸애와 유가의 인의 차이는 상대적으로 보아 감정에 많이 치우치는가 아니면 그렇지 않은가의 정도차에 있지 않는가 싶다.[43] 유가가 보기에 감정을 배제하려는 묵가의 시도는 그 실현가능성이 낮다. 하지만 묵가가 보기에 겸애는 즉각적으로 그에 상응하는 보답을 가져오기에 그렇게 어려운 일이 아니었다. 군주가 상과 벌로써 겸애를 진작시킨다면 그것은 그리 어려운 일이 아니다.[44] 더욱이 사람들 사이의 상호관계는 일방적인 것이 아니고, 내가 겸애의 태도로 대한다면 상대방도 이런 태도로 나를 대해주리라는 기대를 할 수 있다.

묵가의 겸애는 그것이 상벌에 의한 것이건, 아니면 상대방으로부터 그 보답을 받을 것이라고 생각해서이건 다분히 이기적 동기를 가지고 있다. 이는 맹자가 보여준 인이라는 도덕적 행위의 이타적 동기 즉 측은지심과 확연히 대비된다. 맹자의 묵가 비판의 핵심은 바로 이러한 이기적 동기이다. 묵가인 이지가 우리의 보편적 사랑이 부모로부터 시작된다고 했음에

43) 프레이저도 성인이 감정을 배제하고 인(仁)과 의(義)에만 집중하라는 것은 감정 배제의 이성을 옹호하는 것이 아니다라고 한다. Cf. Chris Fraser, The Ethics of the Mohist "Dialogues" 이것은 앞서 말했듯이, 묵가가 권위주의적 접근방식도 취하고 있다는 사실에서도 확인될 수 있다.

44) 뒤에 묵가의 종교와 국가에 대한 견해를 다루는 장에서 다루겠지만, 묵가의 이성주의, 합리주의는 단순한 주지주의 혹은 의지주의로 나아가게 하지 않았고, 그들의 이기적이며 부정적인 인간관과 함께 정치적 비합리주의, 권위주의를 초래하였다.

도 불구하고, 뿐만 아니라 설령 맹자가 보기에도 이지가 우리에게는 이기적 감정 이외에도 친친의 감정이 있다고 생각했다 할지라도,[45] 여전히 그는 우리의 궁극적 목표인 보편적 사랑과 이 친친의 감정을 연결시키고 있지 않기 때문에 맹자는 그를 비난한 것이다. 그러나 사실 맹자나 유가의 생각과는 달리, 묵가적 인간은 철저하게 자신의 이익만을 추구하는 존재가 아니라, 오히려 공익을 추구(백성들의 기본적 생존을 확보하는 것)하는 존재였다. 묵가가 겸애를 주장한 이유는 자신의 이익을 위해서가 아니라 백성들의 이익 때문이었다. 묵가가 유가의 인을 도덕적 행위를 위한 정당성의 근거로 삼기 거부했던 것은, 그것이 객관성을 확보하기 힘들다고 보았기 때문이다. 따라서 유가의 인과 묵가의 겸애의 차이는 궁극적으로 유가와 묵가가 도덕의 정당성의 문제를 어떻게 보았는지에 달려있다.

추상적 명분보다는 구체적 실리추구 (겸상애에서 교상리로)

겸애가 공허한 명분보다는 구체적 실리를 강조한다고 말하는 것은 겸애 즉 겸상애가 교상리와 함께 쓰인다는 점에서 잘 알 수 있다. 겸애 혹은 겸상애는 교상리를 통해서 그 구체성을 확보할 수 있게 된다. 두루 사랑해야 한다는 것은 그저 말로만이 아니라 실제로 두루 이익을 주어야 한다는 것이다. 물론 여기서 말하는 이익이 누구의 이익인가, 또 어떤 이익인가가 말해져야 한다. 그것은 대체로 묵가의 주장인 절용, 절장, 비악에서 드러나듯 물질적 차원에서 백성들의 생존권을 보장 하는 것이라고 할 수 있다.

---

45) 「겸애하」에서 別보다는 兼을 실천하는 친구에게 부모와 처자를 맡길 것이라는 이야기와 혹시 겸을 하면 효를 하지 못하는 것이 아닌가라는 이야기가 등장한다. 이 두 이야기는 묵가가 인간에게는 분명 이기심이외에도 호혜성이나 효와 같은 가치를 향상시키려는 동기가 있다고 여겼음을 보여준다.

묵가에게 그 외의 것은 모두 이익이 아니다. 순자가 묵가를 문화를 모른다고 비판하는 것은 바로 묵가가 가진 이런 측면 때문이다. 하여간 이렇게 기계적이고, 타산적인 방식으로 문제를 접근해간다는 점에서 묵가의 겸애는 결코 서양에서 말하는 박애가 아니다. 박애에는 이타적 사랑의 감정이 개입되어 있는데, 겸애에는 이런 감정적 요소가 배제되어 있다. 여기에는 철저한 이기주의와 계산주의가 깔려 있기 때문이다.

묵가의 겸애는 그것이 위협이든 설득이든 인간의 이지적인 측면을 자극하여 인간의 행위를 이끌 수 있다는 가정을 가지고 있었다. 알면서 행하지 못하는 경우는 없다는 것이다. 니비슨이 주장하듯이 중국 고대의 의지주의의 전형을 묵가는 보여준다고 할 수 있다.[46] 그러나 후에 나타난 맹자의 사상이 보여주듯이 인간은 그것이 좋음을 알면서도 하지 않는 경우를 가지고 있었다.[47] 맹자가 호연지기(浩然之氣), 야기(夜氣)의 보존 및 집의(集義)를 강조한 것이 이것을 잘 말해준다. 행위는 단순히 앎으로만 되는 것이 아니라, 즉 지력으로만 되는 것이 아니라 의지력을 필요로 한다. 예컨대 인간의 행위를 이끄는 세 가지 힘을 지력, 체력, 의지력으로 볼 수 있다면, 즉 도덕적 행위를 위해서는 지력, 체력, 의지력 이 세 가지가 다 소요된다고 한다면 묵가가 부족한 것은 의지력의 중요성 아니, 의지력의 향상을 위한 프로그램이었다.

---

46) David S. Nivison, *The Ways of Confucianism*, La Salle : Open Court, 1996, pp. 121-132.

47) 흥미롭게도 왕양명은 알면서도 행하지 않는 경우는 없다고 주장하는데, 이것은 맹자보다는 묵가의 입장에 더 가까운 것 같다.

나. 비공

묵가의 평화주의자적 이미지는 그의 비공 주장에서 볼 수 있다. 즉 겸애의 실행이 비공으로 펼쳐진다고 할 수 있다. 그러나 「비공」 상 · 중 · 하는 이런 평화주의적, 이타적 동기보다는 철저히 이해타산의 차원에서 주장된다.

> 지금 군사를 일으키려 하는데 겨울에 동원하자니 추위가 두렵고 여름에 동원하자니 더위가 두렵다. 이래서 겨울이나 여름에는 군사를 일으킬 수가 없는 것이다. 봄에 일으키면 곧 백성들의 밭갈고 씨뿌리는 농사일을 망치게 되고 가을에 일으키면 곧 백성들의 추수를 망치게 된다. 지금 오직 한 철을 망치기만 하면 곧 백성들이 굶주리고 헐벗어 얼거나 굶어 죽는 자가 얼마나 많을지 이루 다 헤아릴 수가 없다.[48]

「비공중」에서 묵자는 단적으로 전쟁은 커다란 비용이 드는 것이라고 한다. 그것은 설사 전쟁에 이겨도 그러하다. 약간의 예외적 경우가 있기는 하지만, 대부분의 나라는 손해를 더 보았다. 또한 획득한 영토를 유지하는 데에도 상당한 비용이 든다. 그러나 전쟁에서 얻어지는 명예와 이익은 치러야 할 비용에 비해 크지 않다는 것이 비공 주장의 핵심이었다. 물론 비공에는 단순히 사람들의 세속적 이익에 관한 주장만 있는 것이 아니다. 사람들의 이익에 부합하지 않을 뿐 아니라, 천과 귀신의 이익에도 부합하지 않기에 전쟁이 나쁘다고도 한다.

---

48) "今師徒唯毋興起 冬行恐寒 夏行恐暑 此不可以冬夏爲者也 春則廢民耕稼樹藝 秋則廢民穫斂 今唯毋廢一時 則百姓飢寒凍餒而死者 不可勝數" 「비공중」.

그들은 나라를 아우르고 군대를 패멸시키며 만백성들을 해치고 학대하여 성인의 유업을 어지럽힌다. 그런데도 그렇게 함으로써 하늘을 이롭게 하는가? 하늘의 사람들을 가지고서 하늘의 도읍을 공격하니, 이것은 하늘의 백성들을 찔러 죽이고 신위(神位)를 박살내며 사직을 뒤엎고 제물로 쓸 짐승들을 함부로 죽이는 것이다. 그러니 이것은 위로 하늘의 이익에 부합되지 않는다. 그렇지 않으면 그렇게 함으로써 귀신을 이롭게 하는가? 하늘의 사람들을 죽이고 귀신의 제주를 없애며 옛 임금들을 부정하고 만백성을 해치고 학대하며 백성들을 흩어지게 하는 것이니 곧 이것은 가운데로는 귀신들의 이익에도 부합되지 않는다.[49)]

사실 어떻게 전쟁이 하늘과 귀신의 이익에 부합하지 않는다는 것을 알 수 있을까? 결국 그것은 귀신을 섬기는 사람들의 이익에 부합하지 않으니, 간접적으로 하늘과 귀신에게도 좋지 않은 영향을 줄 것이고, 따라서 하늘과 귀신의 이익에 부합하지 않는다고 볼 수 있다는 의미다. 말은 하늘과 귀신의 이익에 부합하지 않는다고 했으나, 실은 철저하게 사람의 세속적 이해관계를 기준으로 전쟁을 비판하는 것이다. 또한 묵가는 전쟁을 일삼는 사람들을 비난할 때, 순전히 논리적 이유에서 비판하려고 하였다. 전쟁은 남의 것을 약탈하는 것이므로 일종의 도둑질에 비유할 수 있다. 그런데 문제는 도둑질을 비난하면서 전쟁을 옹호하는 사람들의 비일관성이다. 묵가는 이런 사람들의 태도가 약간 검은 것은 검다고 하면서, 많은 검은 것은 하얗다고 하는 것과 같이 불합리한 것이라고 보았다.

---

49) "夫無兼國覆軍 賊虐萬民 以亂聖人之緒 意將以爲利天乎 夫取天之人 以攻天之邑 此剌殺天民 剝振神之位 傾覆社稷 攘殺其犧牲 則此上不中天之利矣 意將以為利鬼乎 夫殺之人 滅鬼神之主 廢滅先王 賊虐萬民 百姓離散 則此中不中鬼之利矣"「비공하」.

그렇다면 묵가는 무조건적으로 전쟁을 비난한 것인가? 그렇지는 않다. 극소수이긴 하지만 전쟁으로 이익을 볼 가능성을 부인하지 않는다. 그들은 다만 그 가능성이 매우 낮다는 점을 강조하고, 이런 상황에서의 전쟁은 커다란 모험이라고 주장하는 것 같다. 묵가가 무조건적 평화주의자, 비폭력주의자가 아니라는 점은 그들이 정당한 폭력을 인정하고, 이를 허용한다는 것에 있다.

> 지금 공격과 정벌을 좋아하는 임금에게 이르러는 또 그들의 이론을 비호하며 묵자를 비난하여 말한다. "공격하고 정벌하는 것을 불의라하는 것은 엉뚱한 것을 이롭게 하려는 것이 아닌가? 옛날에 우임금은 묘족을 정벌하였고, 탕임금은 걸을 정벌하였고, 무왕은 주를 정벌하였는데, 이들은 모두 성왕이 되었다. 이것은 무엇때문인가?" 묵자가 말하였다. "당신은 내 말의 성질을 잘 살피지 못하여 그 뜻을 잘 알지 못하는 때문이다. 그들이 한 것은 이른바 공격이 아니라 주벌이라는 것이다..."[50]

다시 말해 묵가는 무조건 불가피한 수비전쟁만을 옹호하지 않는다. 정당한 전쟁은 선제 공격도 인정한다. 즉, 묵가는 전쟁을 반대하는 것이 아니라 정의롭지 못한 전쟁을 반대하는 것이다. 그들에 의하면 정의로운 전쟁은 공격적 전쟁이 아니다. 물론 묵가는 전쟁보다는 덕으로 제후들을 굴복시키는 것이 더 효과적이라고 하였다. 이렇게 보면 묵가의 전쟁관은 유가의 전쟁관과 크게 다르다고 볼 수 없다. 그럼에도 차이점을 찾자면, 묵

---

50) "今遝夫好攻伐之君 又飾其說以非子墨子曰 以攻伐之為不義 非利物與 昔者禹征有苗 湯伐桀 武王伐紂 此皆立為聖王 是何故也 子墨子曰 子未察吾言之類 未明其故者也 彼非所謂攻 謂誅也"「비공하」.

가에게 정의로운 전쟁과 정의롭지 못한 전쟁을 구분하는 기준은 전자가 백성들에게 이익을 주고 하늘이나 귀신들에 대한 공경의 태도를 유지한다는 점에 있을 것이다. 적어도 묵가의 정의로운 전쟁은 단순히 자신의 세력을 확장하거나 자신의 이익을 확보하려는 것이 아닌 일종의 공리주의적 토대에서 추진되는 것이다. 따라서 사실 묵가의 겸애와 비공 주장으로부터 묵가를 평등주의자, 평화주의자로 보는 것에 커다란 장애는 없다.

4. 실리주의 : 절용(節用)

4. 실리주의 : 절용(節用)

와타나베 등의 학자들은 묵가의 순수한 무차별적 사랑의 정신이 현실적 한계에 부딪친 후, 점차 이익을 고려하는 사상으로 변질되었다고 본다. 겸애에 교상리의 측면이 들어가서 이기적 상호호혜의 사상이 첨가되었다는 것이다. 이것은 또한 점차로 묵가의 겸애사상은 묻히고, 예악비난 및 절용사상이 묵가의 중심사상으로 부각되는 역사적 현실과 어느 정도 맥을 같이 한다. 하지만 앞서 겸애 주장에서 보았듯이 묵가가 유가의 명분적 사고에 대해 문제의식을 갖고 있었던 사람들이었던 것은 비교적 분명하고, 따라서 이런 실질, 실리를 강조하는 사고가 그저 시대의 요구에 타협한 것만은 아니라고 보아야 할 것이다. 다시 말해 순자가 묵가는 쓰임(用)만 알았지 문화(文)를 몰랐다라고 비판하는 것에는 충분한 근거가 있었다. 그런데, 묵가의 절용사상은 단순히 자신의 이익을 강조하는 것으로만 해석되지 않는다. 오히려 그것은 많은 사람들에게 자신의 이익을 희생함으로써 타인의 이익을 증진시키려는 금욕적 행동처럼 보였다. 맹자가 묵가는 천하 사람들의 이익을 위해서 머리끝에서 발끝까지 닳아 없어진다고 해도 일해야 한다고 했던 것,[51] 순자가 묵자는 실용주의자로 문식을 알지 못했던 사람이라고 했던 것,[52] 장자가 묵자는 금욕주의자로서 자연적으로 생기는 인정에 따르지 않는 자[53] 라고 말했던 것이 이러한 정황을 말해준다.

가. 예악과 절용사상

순자의 말처럼 유가와 묵가가 구별되는 것은 장례와 음악에 대한 태도라는 생각이 있어 왔다. 『묵자』의 「비악」, 「절장」, 「절용」편에서 보이는 묵가의 예악에 대한 비판은 이들이 적어도 유가의 예악에 대해 만족스럽게 생각하지 않았음을 보여준다. 이것은 어떤 의미에서 유가적 전통, 역사에 대한 반대이다. 상현, 상동, 겸애의 원리와 함께 이것은 새로운 시기의 신흥국가 조직에 본질적인 주장이었다. 그러나 묵가가 예악 자체를 부정했는가 하는 것은 논란의 여지가 많다. 왜냐하면 이들은 유가에서 예악의 과도성을 비판한 것이지, 예악 자체를 비난한 것은 아니기 때문이다. 다시 말해 후장과 구상을 비판한 것이지 장례와 상례를 비판한 것은 아니며, 지나친 음악의 화려함을 비판한 것이지 음악 자체를 비판한 것은 아니다.

그럼에도 불구하고 우리가 예악에 대한 유가와 묵가의 차이를 간과할 수 없는 이유가 있다. 유가에게 예와 악은 전통과 관습의 상징으로서 그 자체가 이상세계와 이상적 삶을 구성하는 본질적 가치를 지니는 것이

51) "墨子兼愛 摩頂放踵 利天下 爲之" 『맹자』「진심상」.

52) "墨子蔽於用而不知文" 『순자』「해폐」.

53) "歌而非歌 哭而非哭 樂而非樂 是果類乎 其生也勤 其死也薄 其道大觳" 『장자』「천하」.

다.[54] 보통 문(文)으로 표현되는 이러한 의례와 의식은 어떤 다른 목적을 위한 수단들이 아니다. 하지만 묵가는 예악이 가지는 그러한 본질적 가치를 인정하지 않는다. 예악의 사회적 유용성을 물음으로써 그것의 수단적 가치에 초점을 맞출 뿐이다. 예악을 본질적 가치를 가지는 것으로 보면, 그러한 예악에 대해 지나치다 혹은 부족하다라고 평가하기 힘든 측면이 있다. 그러나 예악이 다른 목적을 위해 사용되는 도구에 불과하다는 생각에서는 얼마든지 예악의 지나침과 부족함을 말할 수 있다. 묵가는 예악을 수단적 가치를 가진 것으로 보았기에, 유가 식의 예악을 지나치다고 보았던 것이다. 그들이 검소한 장례조차 비판하는 것은 아니다.

> 공맹자가 묵자에게 말하였다. 선생님은 삼년상을 잘못이라 하는데 선생님의 삼월상도 그렇다면 잘못일 것입니다. 묵자가 대답하였다. 당신이 삼년상을 근거로 삼월상도 잘못이라고 하는 것은 마치 벌거벗은 사람이 옷자락을 걷어 올린 것을 공손치 않다고 말하는 거나 같은 것이오.[55]

묵자도 음악은 성왕들이 시행한 것으로 어느 정도는 불가피한 것으로 보았다. 하지만 그것이 번잡하게 될 때 정치는 더욱 어려워졌음을 아울러 강조한다.

---

54) 「절장하」에는 이렇게 표현되어 있다. "성대히 장사지내고 오랫동안 상을 입는 것이 비록 가난한 사람을 부하게 해주고, 백성이 적은 것을 많게 해주고, 위태로운 나라를 안정시키고, 어지러운 나라를 다스리지는 못한다 하더라도, 이것은 바로 성왕의 도인 것이다". (厚葬久喪 雖使不可以富貧衆寡定危治亂 然此聖王之道也).

55) "公孟子謂子墨子曰 子以三年之喪爲非 子之三日之喪亦非也 子墨子曰 子以三年之喪非三日之喪 是猶裸謂撅者不恭也"「공맹」.

(모두 성왕들임에도 불구하고) 주나라 성왕이 천하를 다스린 것은 무왕만 못하였고, 무왕은 탕왕만 못하였으며 탕임금은 요와 순만 못하였습니다. 그러니 그들의 음악이 번거로워질수록 그들의 정치는 더욱 시원찮아졌던 것입니다. 이로써 본다면 음악은 천하를 다스리는 근거가 되지 않음을 알 것입니다.[56)]

그렇다면 어느 정도의 예악이 적당하고 어느 정도의 예악이 지나친 것일까? 그것은 기본적으로 산 사람이건 죽은 사람이건 그 사람들의 이익에 부응해야 하는 것이다. 먼저 장례만하더라도 그것은 산 사람들의 기본적인 생존권적 이익을 지나치게 해쳐서는 안 된다. 묵가는 아울러 유가의 화려한 장례의식이 가지는 비일관적 태도를 지적한다. 유가는 기본적으로 백성의 의식주해결이 최우선이라고 주장하면서도 지나친 의례와 의식의 강조로 이를 방해하고 있다.

성대히 장사지내는 결과를 계산하여 보면 모은 재물들을 많이 묻어 버리는 게 된다. 오래 상을 입는 결과를 계산해보면 오랫동안 일하는 것을 금지시키는 게 된다. 이미 고생해 이룩해 놓은 재물들을 한꺼번에 땅에 묻어버리고 뒤에 살아남은 사람들은 오랫동안 하던 일을 금지 당하는 것이다. 이렇게 함으로써 부유해지기를 바란다는 것은 비유하면 농사짓기를 금하면서도 수확을 올리려드는 것과 같은 것이니, 부하여진다는 이론은 성립될 수가 없는 것이다. 그러므로 집안을 부하게 만들려는 것은 이미 될 수가 없는게 분명한데, 그럼으로써 백성들을 많아지게 만들려는 일은 생각컨데 가능하겠는가? 그 이론조차도 성립이 불

---

56) "周成王之治天下也　不若武王　武王之治天下也　不若成湯　成湯之治天下也　不若堯舜　故其樂逾繁者　其治逾寡　自此觀之　樂非所以治天下也"「삼변」.

가능한 것이다.[57)]

화려한 장례의식은 죽은 사람에게도 이익이 되지 않는다.

관은 세치의 두께로 뼈를 썩게 하는데 충분하고, 수의는 세벌로 살을 썩게 하는데 충분하면 된다. 그것을 장사지냄에 있어서는 아래로는 지하수에 젖지 않도록 하고 위로는 냄새가 밖으로 샐 정도로 얕게 묻어서는 안되고, 봉분은 세 번 간 밭이랑 정도로 만들고 그만둔다. 죽어서 장사를 치른 뒤에 산 사람은 반드시 오랫동안 곡을 하지 말아야 하며, 속히 하던 일에 종사하며 사람마다 그의 능력을 발휘하여 서로 이롭게 한다.[58)]

나. 의(義)와 리(利)

결국 묵가의 절용사상이 강조하는 것은 이이이다. 그런데, 앞서의 겸애와 비공으로 표현되는 묵가의 이타주의적이고 평화주의적인 성격은 묵가의 이익중시 사상과 어느 정도 상충되는 점이 있다. 겸애와 비공이 묵가가 의라고 생각하는 것이라면, 결국 의(義)와 리(利) 사이의 관계를 조심스럽게 물어야 한다. 묵가는 옳음은 이로움을 주는 것이라고 했지만,[59)] 이익

---

57) "細計厚葬 爲多埋賦之財者也 計久喪 爲久禁從事者也 財以成者 扶而埋之 後得生者 而久禁之 以此求富 此譬猶禁耕而求獲也 富之說無可得焉 是故求以富家而旣已不可矣 欲以衆人民 意者可邪 其說又不可矣"「절장하」.

58) "棺三寸足以朽體 衣衾三領足以覆惡 以及其葬也 下毋及泉 上毋通臭 壟若參耕之畝 則止矣 死則旣以葬矣 生者必無久哭 而疾而從事 人爲其所能 以交相利也"「절장하」.

59) "義 利也"「경상」.

그 자체가 옳음이라고 이야기 하지는 않았다. 물론 전자의 주장에서도 이익추구자로서의 인간상을 떨쳐버리려고 하지 않았고, 오히려 이것을 적극적으로 이용하려고 한 묵가의 태도를 알 수 있다. 그들에게 있어서 이기심은 없애야 하는 것이 아니라, 도덕적 행위를 위해 적극적으로 이용되어야 하는 것이다. 일반적으로 묵가에게 이익 추구는 그 자체가 악이 아니라, 그것이 다른 사람의 이익을 고려하지 않거나, 다른 사람의 이익에 반하는 방식으로 추구되었을 때 악이 된다. 묵가에게 악이란 일종의 사회적 혼란을 의미할 것인데, 이것은 이익추구에 경도된 데에서 생긴다기보다는 이익에 무지한 데에서 발생한다. 즉, 묵가에게 있어서 소인과 군자의 차이점은 결코 유가 식의 이익추구와 충돌하는 덕의 능력에 있지 않고, 전체를 위해 이익을 계산하는 능력, 즉 손익의 분별 능력에 있다. 덕(德)보다는 능(能)으로 세태가 변하고 있음을 느낄 수 있다. 물론 묵가에서도 덕을 부정하지는 않았지만, 그 덕이란 조화로운 관계를 형성하는 개인의 도덕의지 내지 매력 등이 아니라, 전체를 위해 어떤 결과를 산출할 수 있는 힘으로 생각되었다.[60] 이처럼 묵가의 겸애 주장은 상당히 이타적인 것처럼 보이지만 그 동기는 이익을 추구하는 것에 있다.

문제는 이 묵가의 이익추구가 자신의 이익만을 겨냥하고 있지 않다는 것이다. 그것은 전체, 혹은 다수의 백성을 겨냥하고 있다. 앞서 말했듯이 자신을 위한 이익추구가 잘못이 아니라, 다른 사람의 이익을 무시 내지는 그것에 반하는 것이 잘못이다. 물론 묵가는 여러 곳에서 개인이 전체를 위하는 이타적 태도의 동기 중의 하나로 사적 이익의 추구가 있음을 말하고

60) 「상현상」편의 "이덕취열(以德就列, 덕으로 벼슬자리에 나아감)"이라는 표현에 이 점이 반영되어 있다.

있다. 겸애를 주장하는 곳에서도 교상리를 말함으로서 겸애의 동기부여가 마치 자신의 이익을 확보하기 위한 것인 듯 말하고 있다. 또한 「상동」편에서 어떤 국가 공동체가 세워지기 전 인간의 자연상태가 마치 홉스식 자연상태의 이기적 인간을 연상시킴으로써 묵가의 인간관이 기본적으로 이기적 인간관임을 말하는 것 같기도 하다. 나아가 묵가의「상현」에는 현명한 사람을 제대로 대우해주지 않는다면 결코 모이지 않는다고 함으로써, 묵가가 그리는 이상적 성인조차도 물질적 이익에 의해 행위의 동기부여가 이루어진다고 보고 있다. 즉 묵가의 성인은 대중을 위해 자신을 희생하는 어진 사람이 아니라, 자신을 포함하여 두루 두루 손익계산을 잘하는 이기적인 사람이라는 인식을 주는 것이 사실이다. 이렇듯 여러 가지 정황에서, 묵가가 확보하려고 하는 이익은 일차적으로 개인의 이익이어야 할 것 같으나, 묵가는 「상동」에서 이러한 개인의 이익이 사회적 이익이 되어야 한다고 주장한다. 아마도 그는 사회적 이익이 확보되어야 비로소 개인의 이익도 확보된다고 보는 것 같다. 사실 묵가를 위시한 동아시아 전통의 누구도 개인의 이익과 사회의 이익이 충돌되는 상황을 심각하게 생각하지 않았기에, 엄밀한 의미에서의 개인주의란 불가능하다고 할 수 있을 것이다. 아마도 이런 점들 때문에 묵가는 이기주의자보다는 공리주의자로 간주되어왔던 것 같다.

공리주의라는 말은 어떤 원칙을 의미한다. 그것은 보편적 이성이 함축되어 있다. 물론 묵가에게는 이런 측면이 있다. 예컨대, 묵가의 계산은 단기간의 이익을 염두에 두는 것이거나, 혹은 사안마다 그 때 그 때 이루어졌던 것은 아니었다. 겸애와 비공과 같은 가치는 목숨을 걸고 지켰을 정도로 절대적이었다. 단지 이러한 가치만이 아니고, 예컨대 묵가는 약속의 준수를 단기간의 손해 혹은 죽음을 무릅쓰더라도 지키려고 하였다. 묵가의 거자인 맹승이 초나라 양성군과 맺은 계약을 지키기 위하여 죽으면서, "죽는 것은 묵가의 의(義)를 행하고, 그 업(業)을 잇는 것이다"[61] 라고 할 때, 그가 말하는 묵가의 의(義)는 단순히 물질적 이익이 아니었다. 또 진나라 시대의 거자인 복돈(腹䵍)이 왕의 사면에도 불구하고, 아들을 묵가의 법에 따라 처형시킨 것[62]도 그들의 엄격한 법 수호 정신을 잘 보여준다. 이러한 행동들은 단기간의 실용성을 따짐으로써는 이해될 수 없는 행동들이다. 자신들이 다 몰살당하더라도 자신의 신의를 지켜야 하고, 설사 거자의 아들이라도 법을 어겼을 때는 처벌받아야 한다는 것이 그들의 믿음이었다. 이것은 묵가의 행동원리가 단순히 단기간의 이익에 있지 않고, 보다 항구적인 이익에 있다는 점을 보여준다. 묵가의 사상에는 보다 항구적인 이익을 보장하는 것처럼 보이는 법칙 혹은 약속에 대한 무조건적인 복종의 요소가 있다. 따라서 묵가를 공리주의자라고 한다면 행위 공리주의자라기보다는 법칙 공리주의자로 보아야 한다.

그러나 정말 묵가의 도덕이 공리주의일까? 먼저 공리주의는 의로움이 이로움으로 정의될 수 있다는 주장인데 묵가에게서 정말 그러한가? 물론 『묵경』에서 의로움은 이로움을 주는 것이라 말해지지만, 이것은 꼭 의로움을 이로움으로 정의한 것은 아닐 수 있다. 즉 의로움은 이로운 것이지만 이로운 것이 꼭 의롭지는 않을 수 있다. 의로움이 이롭다라는 것의 함의는 이로움이 의로움의 필요조건이라는 것이지 필요충분조건이라는 것은 아니다. 의로움을 정하는데 이로움이 필요하다는 것은 묵가가 흔히들 말하는 공리주의자라기보다는 그저 실용성을 강조하는 실리주의 사상가라는

61) "死之所以行墨者之義 而繼其業者也" 『여씨춘추』「상덕」.

62) 『여씨춘추』「거사」.

것이다.

공리주의의 특색은 관련이 되는 사람들 모두의 손해와 이익을 계산하는 것이고, 이 계산 중에 어느 누구도 차별받지 않는다는 주장을 깔고 있다. 하지만 묵가에 이런 보편주의의 흔적이 있는가? 묵가가 그렇게 개인주의적이고 보편적인 도덕이론을 생각해 낼 수 있었을까? 공리주의는 또 결과주의인데, 묵가의 입장이 결과주의인지도 의심스럽다. 의도가 강조되고 있기 때문이다. 『묵경』에서 의(義), 효(孝), 예(禮)의 미덕을 정의함에 있어서 이러한 점이 부각되고 있다.

> 경 : 의는 이로움이다.
>
> 경설 : 의는 천하를 사랑하는데 뜻을 두니 천하를 잘 이롭게 할 수 있되 반드시 쓰이는 것은 아니다.[63]
>
> 경 : 예는 공경이다.[64]
>
> 경: 효는 어버이를 이롭게 하는 것이다.
>
> 경설: 효는 어버이를 사랑으로 삼은 것이니 어버이에게 잘하고 이롭게 할 수 있지만 반드시 어버이의 뜻에 맞는 것은 아니다.[65]

나아가 비교적 후기에 쓰여진 것으로 보이는 편들에서도, 예컨대 대화편들(제46편~제50편) 속에서도 결과 못지 않게 의도에 도덕적 가치를 부

---

63) "義 利也" 「경상」.
"義 志以天下爲分 而能能利之 不必用" 「경설상」.

64) "禮 敬也" 「경상」.

65) "孝 利親也" 「경상」.
"孝 以親為芬 而能能利親 不必得" 「경설상」.

여하고 있다.

무마자가 묵자에게 말하였다. "선생께서는 천하를 아울러 사랑한다 하지만 아직 그 이로움이 보이지 않습니다. 저는 천하를 사랑하지 않지만 아직 해로움이 보이지 않습니다. 결과가 모두 나타나지 않았는데 선생께선 어찌하여 홀로 스스로는 옳다고 하면서 저를 그르다고 하십니까?" 묵자가 말하였다. "지금 여기에 불이 났다 합시다. 한 사람은 물을 들고서 그것을 끼얹으려 하고 있고, 한 사람은 불을 들고서 그것을 더 타오르게 하려하고 있소. 결과는 모두 나타나지 않았지만 당신은 두 사람 중에서 누구를 귀하게 여기오?" 무마자가 말하였다. "저는 저 물을 들고 있는 사람의 뜻을 옳게 여기고, 불을 들고 있는 사람의 뜻을 그르다 여깁니다" 묵자가 대답하였다. "나도 역시 나의 뜻을 옳게 여기고 당신의 뜻을 그르다 여기오"[66]

결과에 못지않게 의도가 강조되는 것은 이들의 입장이 공리주의라고 쉽게 단정하기 어렵게 한다. 묵가는 그 쓰임을 중요시한 점에서 틀림없이 구체적 효용을 중시하고, 이익을 강조한 점에서 결과에 주목한 사상가들이었지만, 그러나 그들의 결과주의는 결코 의도를 배제한 것이 아니었다.[67]

묵가의 윤리사상은 유가나 도가의 자아수련의 윤리사상과 달리, 즉 군자, 지인의 달성과 같은 이상적 목표를 제시하지 않고, 인간의 이기주의적

66) "巫馬子謂子墨子曰 子兼愛天下 未雲利也 我不愛天下 未雲賊也 功皆未至 子何獨自是而非我哉 子墨子曰 今有燎者於此 一人奉水將灌之 一人摻火將益之 功皆未至 子何貴於二人 巫馬子曰 我是彼奉水者之意 而非夫摻火者之意 子墨子曰 吾亦是吾意 而非子之意也"「경주」.

67) 「노문」편에서 묵자는 노임금에게 의도와 행위를 아울러 살피라고 조언하고 있다.

기본 욕구를 인정하면서 그것의 사회공학적 의미를 묻고 있다는 점에서 다분히 사회, 정치 철학적 색채를 띠고 있다. 묵가사상의 사회, 정치적 의미는 다음 장에서 자세히 다루겠다.

다. 의(義)와 삼표(三表)

묵가의 절장, 비악의 절용주의는 결국 그들로 하여금 객관적 옳음이란 무엇인가라는 물음과 옳음의 세 가지 기준인 삼표(역사성(本), 경험적 상식성(原), 실용성(用)) 의 개념정의를 가능하게하였다.

> 해목이라는 나라에서는 맏아들을 낳으면 갈라 먹으면서, (이는 다음 태어날) 동생에게 좋은 일이라고 말하고, 할아버지가 죽으면 할머니를 져다 버리면서, 귀신의 처하고는 같이 살수 없다고 말한다... 또 염인국에서는 부모가 죽으면 살을 발라버리고 뼈만 묻어야 효자라고 하고, 의거국에서는 부모가 죽으면 장작을 모아 화장을 하는데 연기가 오르는 것을 하늘나라에 오른다라고 말하고 그렇게 해야만 효자라고 한다. 이것으로 위에서 정치를 행하고 아래서는 풍속을 삼아, 그치지 않고 행하며, 유지하고 버리지 않는다. 이것이 어찌 진실로 인의의 도리이겠는가? 이른바 습관을 적절하다 생각하고 습속을 옳은 것으로 여기는 것이다.[68]

68) "有輆沐之國者 其長子生 則解而食之 謂之宜弟 其大父死 負其大母而棄之 日鬼妻不可與居處 有炎人國者 其親戚死 朽其肉而棄之 然后埋其骨乃成爲孝子 秦之西有儀渠之國者 其親戚死 聚柴薪而焚之 燻上謂之登遐 然后成爲孝子 此上以爲政 下以爲俗 爲而不已 操而不擇 則此豈實仁義之道哉 此所謂便其習而義其俗者也"「절장하」.

옳음은 어떻게 정해져야 하는가? 물론 묵가는 〈상동〉이나 〈천지〉편에서 최고 정치적 권위로서 천지(하늘의 뜻)를 말하고 있고, 이 천지가 의(義)를 규정한다고 말하지만, 어떤 객관적 지식이나 객관적 언어 표현의 타당성을 문제 삼을 때에는 삼표를 말하고 있다.

> 말을 함에 판단기준이 없으면, 마치 질그릇 만드는 돌림대위에 해가 뜨고 지는 방향을 표시해 놓는 것과 같다. 그러므로 옳고 그르고,이롭고 해로운 것을 밝게 가려낼 수가 없는 것이다. 따라서 말에는 반드시 세 가지 표준이 있어야한다. 무엇을 세 가지 표준이라 하는가? 묵자가 말하였다. "즉 근본(本), 원인(原)과 실용(用)이 그것이다. 무엇에 근본을 둘 것인가? 옛날 성왕들의 사적에 근원을 두어야 한다. 무엇에 기인하여 추구할 것인가? 백성들의 귀와 눈으로 들은 사실에 기인하여 추구하여야 한다. 무엇으로 실용적인가를 판가름할 것인가? 실제 형벌을 펴서 나라와 인민들에게 이로운가를 살펴보아야 한다. 이것을 말에 있어서 세 가지 표준이라고 한다."[69)]

역사성, 경험적 상식성, 실용성의 삼표 중에서도 실용성(用)은 묵가에게 가장 결정적인 것이고, 가장 대표적인 것으로 여겨져야 한다. 왜냐하면 상식이나 사적은 얼마든지 오용될 수 있는 것이었기 때문이다. 이것은 다시 말해 옳음이란 궁극적으로는 어떤 제도, 이론, 행위가 백성들의 이익을 추구하는데, 얼마나 도움이 되느냐에 따라 정해진다는 것이다. 『묵경』에서는 이점을 의(義, 의로움)는 바로 리(利, 이익을 주는 것)라고 정리하였다.

---

69) "言而毋儀 譬猶運鈞之上而立朝夕者也 是非利害之辨 不可得而明知也 故言必有三表 何謂三表 子墨子言曰 有本之者 有原之者 有用之者 於何本之 上本之於古者聖王之事 於何原之 下原察百姓耳目之實 於何用之 廢以爲刑政 觀其中國家百姓人民之利 此所謂言有三表也"「비명상」.

5. 합리주의 : 삼표(三表)와 변(辯)

5. 합리주의 : 삼표(三表)와 변(辯)

가. 전기묵가의 합리주의[70)]

묵가의 겸애와 비공 주장에서 드러나는 이타주의, 평등주의와 절용, 절장, 비악의 주장에서 드러나는 공익추구의 윤리사상을 관통하는 공통성은 무엇인가? 나는 그것을 합리주의 사상이라고 생각한다. 묵가의 합리성은 널리 알려져 있다. 이것은 후기묵가에 의해서 꽃을 핀 그들의 언어 · 논리사상만을 가리켜 그러한 것이 아니고, 전기묵가에서도 발견되는 모습이다. 그들은 지식이 행위를 가져오게 한다고 믿은 점에서 합리주의자이면서, 주지주의자이자 동시에 의지주의자였다. 앞서 언급한 언어적 주장을 함에 있어서 객관적 표준이 필요하다는 삼표의 개념과 함께 법(法), 고(故), 류(類)의 개념들이 아마 가장 대표적인 묵가의 합리성을 보여주는 예일 것이다.[71)] 아래는 법, 고, 류의 개념에 주의를 기울여 전기묵가의 합리성을 드러낼 것이다.

---

70) 이 글은 『동양철학』(27집, 한국동양철학회, 2007)에 발표된 글을 발췌하여 수정 보완한 것이다.

71) 「비공중」에 이미 찰류(察類), 명고(明故)의 개념을 사용한다.

a. 법(法) (義와 三表)

법은 객관적 표준의 뜻이다. 후기 묵가에서는 法(표준)이라는 개념이 단독적으로 정의되고 사용되는데, 法(표준)이란 "그것과의 유사성 속에서 어떤 것이 그러하다고 말해지는 것이다"[72]라고 하였다. 전기 묵가에서는 법은 주로 '하늘의 뜻' 을 따르는 문제와 결부하여 나타난다.

> 그러니 무엇으로써 다스리는 법도를 삼아야 하겠는가? 본디 하늘을 법도로 삼는 것보다 더 좋은 것은 없다고 하였다. 하늘의 운행은 광대하면서도 사사로움이 없고, 그 베푸는 것은 후덕하면서도 은덕으로 내세우지 않으며, 그 밝음은 오래가면서도 쇠하여지지 않는다. 그러므로 성왕들께서는 이것을 법도로 삼았던 것이다.[73]
>
> 우리에게 하늘의 뜻이 있다는 것은 마치 수레바퀴 만드는 사람에게 둥근 자가 있고, 목수들에게 굽은 자가 있는 것과 같다. 수레바퀴 만드는 사람과 목수들은 둥근 자와 굽은 자를 가지고 천하의 모난 것과 둥근 것을 헤아리어, 거기에 들어맞으면 옳고 들어맞지 않으면 그르다고 하는 것이다.[74]

이러한 기준으로서의 법의 개념은 의義(옳음, 의미)와 삼표三表(세 가지 기준)의 개념들을 통해 잘 알 수 있다.

유교에서 올바름이란 기본적으로 관습으로 표현되었으나, 묵가는 약간

---

72) "法 所若而然也"「경상」.

73) "然則奚以爲治法而可 故日莫若法天 天之行廣而無私 其施厚而不德 其明久而不衰 故聖王法之"「법의」.

74) "我有天志 譬若輪人之有規 匠人之有矩 輪匠執其規矩 以度天下之方圓 日中者是也 不中者非也"『천지상』.

추상적 개념으로 이를 표현한다. 삼표는 바로 이러한 원칙이다. 이러한 원칙에 대한 강조는 그들로 하여금 객관적 표준에 대한 필요성을 제기하였다. 관습은 어디까지나 이들 표준에 비추어 판단되어야 하는 것이었다. 공자가 겨우 일이관지(一以貫之)라고 표현했던 것을 묵가는 삼표(三表)로 정리해 냈다. 묵자가 든 주장의 타당성을 확인하기 위한 세 가지 기준 혹은 표준은 앞서 말했듯이 '옛 성왕의 일에 근본을 둘 것(本),' '백성들이 보고들은 것에 근거할 것(原),' '형벌과 정치에 적용했을 때 백성들의 이익과 부합될 것(用)' 이다.

묵가의 주요 주장들은 바로 이 삼표에 입각해서 옹호된다. 예컨대, 상현(尙賢)이 왜 옳은가? 첫째, 이로움을 주니까. 둘째, 상식에 들어맞으니까. 셋째, 사적에 나오니까라는 방식이다.

의(義)와 삼표(三表)의 개념은 묵가가 관습의 배후에 놓여진 원칙을 중시함을 보여준다. 따라서 유가와 묵가의 차이는 한마디로 관습주의와 원칙주의의 차이라고 할 수 있다. 물론 유가에도 원칙에 대한 언급이 없었던 것은 아니고, 마찬가지로 묵가도 관습에 대해 항상 부정적인 것은 아니었다. 예컨대, 삼표 중의 하나가 역사적 사실이나 전통을 강조하는 본(本)이라는 사실에서도 알 수 있다. 또한 「비공」과 「명귀」를 보면 예악(禮樂) 즉 전통을 강조하는 묵가의 모습을 볼 수 있다. 이것은 의로움은 단순히 관습을 따르는 것이 아니라고 했던 묵자의 주장에 비추어 볼 때 의외의 모습이다. 사실 이런 관습성은 이 글의 주장처럼 묵가의 이성을 상관적인 것으로 읽어야만 이해가능하다. 묵자(墨子)에 앞서 공자(孔子)도 일이관지(一以貫之)라는 표현을 통해 이미 관습이나 전통 그 자체보다는 그것들의 표피에 감춰진 본질을 알아야 한다고 주장했지만, 그러나 그것은 관습이나 전통이 이미 옳다는 것을 가정한 데서 출발한 것이었다. 이와는 달리 묵자와 그 추종자들은 관습이나 전통이 곧 올바른 것은 아니라는 자각에서 올바름의 기준을 추구하였고, 기존의 관습이나 전통을 이 기준에 입각해서 판가름하려 한 사상가들이었다. 이것은 보편적인 것보다는 구체적인 것에서 기준을 찾아온 동아시아의 일반적 전통에서 볼 때 참으로 이질적인 것이라 할 수 있다.

위와 같은 묵가의 의(義)와 삼표(三表)의 개념 즉 묵가의 법(法)의 개념에서 중요한 것은 주장과 주장자의 분리이다. 대체로 동아시아 전통, 특히 유가에서는 누가 말하느냐에 따라서 그 주장의 타당성이 결정된다고 생각되어 왔다. 이것은 유가를 포함한 동아시아 사유에 있어서의 앎이 대체로 폐쇄적이고 직관적인 것이었기 때문이다. 이 점이 종종 동아시아 전통이 앎과 관련하여 권위의 오류를 범하게 된 지점이다. 그러나 묵가는 설사 자신들의 라이벌인 유가의 사상이라 하더라도 객관적으로 판단하여 옳으면 수용해야 한다고 생각했다.

> 묵자가 정자와 토론을 하다가 공자를 인용하였다. 정자가 말하였다. '유가를 비난하면서 무엇 때문에 공자를 인용하십니까?' 묵자가 말하였다. 공자의 말 또한 (이 경우에) 합당하여 (다른 것으로) 바꿀 수 없는 것이었기 때문입니다.[75]

b. 고(故 원인)

앞서 말한 객관적 기준이나, 실용성은 사실 유가에서도 어렴풋이 발견

75) "子墨子與程子辯 稱於孔子 程子曰 非儒何故稱於孔子也 子墨子曰 是亦當而不可易者也"「공맹」.

되는 것이다. 공자가 말한 일이관지(一以貫之)나 유가에서 일반적으로 보이는 실용적 합리성이 그것이다. 묵가에서만 보여지는 것이 아니라는 것이다. 따라서 보다 중요한 것은 묵가에 나타나는 합리성의 인과적 구조 혹은 추론적 구조이다. 묵가는 어떤 현상을 이해할 때, 거대한 전체 틀내에서 어디에 위치해 있는가를 묻기보다는 개별적 원인을 추구한다. 어떤 현상이든 거기에는 구체적 원인이 있고, 따라서 그 원인의 교정을 통해 현상에 대한 개선이 가능하다고 보았다. 즉, 불만족스러운 현상의 제시 → 그 현상을 가능케한 원인의 추구 → 원인의 발견 → 원인의 처리 → 현상의 개선이라는 도식이 그것이다.

> 묵자가 유자에게 묻기를 "무엇 때문에 음악을 연주하십니까"라고 물으니 유자는 "음악은 음악이기에 연주합니다"고 하였다. 묵자가 말하기를 "그대는 나에게 대답하지 않았습니다. 이제 내가 묻기를 무엇 때문에 집을 짓느냐고 물었을 때 대답하기를 겨울에 추위를 피하고, 여름에는 더위를 피하며, 남녀의 구분을 짓기 위해 집을 짓는다고 하면 그대는 나에게 집을 짓는 이유를 말하는 것입니다. 이제 내가 묻기를 무엇 때문에 음악을 연주하냐고 하는데 음악이기에 연주한다는 것은 무엇 때문에 집을 짓느냐는 질문에 집이기에 집을 짓는다고 말하는 것과 같습니다."[76]
>
> 섭공자고가 공자에게 정치에 관하여 물었다. '정치를 잘한다는 것은 어떻게 하는 것입니까?' 공자가 대답하였다. '정치를 잘한다는 것은 멀리 있는 자들은 가

76) "子墨子日 問於儒者 何故爲樂 日 樂以爲樂也 子墨子日 子未我應也 今我問日 何故爲室 日 冬避寒焉 夏避暑焉 室以爲男女之別也 則子告我爲室之故矣 今我問日 何故爲樂 日 樂以爲樂也 是猶日 何故爲室 日 室以爲室也"「공맹」.

> 까이 해주고 낡은 것들은 새롭게 해주는 것이다.' 묵자가 이 이야기를 듣고 말하였다. '섭공자고는 그 질문이 명확하지 않고 공자 역시 그 대답할 요점을 파악하지 못하고 있다. 섭공자고가 어찌 정치를 잘하는 것이 멀리 있는 사람들을 가까이 해주고, 낡은 것을 새롭게 해주는 것임을 알지 못하였겠는가? 물은 것은 그렇게 하려면 어떻게 해야 하는가였다. 알지 못하는 것을 일러주지 못하고 알고 있는 것을 일러준 것이다. 그러므로 섭공자고는 그 질문이 명확하지 않고, 공자 역시 그 대답의 요지를 얻지 못하고 있다.[77]

첫 번째 인용문에서 유자의 대답을 음악은 음악이기에 연주했다고 하는 것보다는 즐겁기 때문에 연주했다고 해석해 주는 것이 유자의 입장을 더 잘 살려줄 듯하다. 그러나 묵자의 오해에도 상관없이, 또 두 번째 인용문에서 강조하듯이 여기서 주목할 만한 것은 적어도 묵자에게서는 동어반복적 부연설명이 '설명'의 이상(ideal)은 아니었다는 사실이다. 기존의 지식을 통한 새로운 지식의 수립이 그들의 이상적 설명방식이었다. 이것이 바로 그들이 말하는 추론적 지식(說知)이다.

> 무엇이든 생각해서 잘 모르겠거든, 지나간 일로 미루어 앞으로 닥쳐올 일을 헤아리고, 눈앞에 보이는 사실을 가지고 아직 보이지 않는 일을 미루어 알도록 한다.[78]

---

77) "葉公子高問政於仲尼曰 善爲政者 若之何 仲尼對曰 善爲政者 遠者近之 而舊者新之 子墨子聞之曰 葉公子高未得其問也 仲尼亦未得其所以對也 葉公子高豈不知善爲政者之遠者近也 而舊者新是哉 問所以爲之若之何也 不以人之所不智告人 以所智告之 故葉公子高未得其問也 仲尼亦未得其所以對也" 「경주」.

78) "謀而不得 則以往知來 以見知隱" 「비공중」.

『묵자』의 「겸애」를 보면 이렇게 시작한다. 의사가 병의 원인을 알아야 병을 치료하듯이 성인도 세상이 잘 다스려지지 않는 원인을 알아야 천하를 잘 다스릴 수 있다고 하였다. 그런데 묵자가 보기에 천하가 잘 다스려지지 않는 원인은 대체로 사람들이 서로 사랑하지 않기 때문이다. 구체적으로는 전기묵가의 주장들 전부가 혼란의 원인들과 관련된다. 자기만을 사랑하는 별애(別愛), 현명한 사람을 존중하지 않는 불상현(不尙賢), 윗사람의 의견을 존중하지 않는 불상동(不尙同) 등등이 다 어지러움의 원인이다. 물론 그 핵심은 다른 사람을 사랑하지 않는 이기심이다. 그저 자신만을 사랑하고 다른 사람을 사랑하지 않기에 세상이 다스려지지 않는다는 것이다. 문제는 '잘 다스려지지 않는다' 는 현상과 그 현상의 원인으로 지목된 '사람들이 서로 사랑하지 않는 것' 이 사실 별로 차이가 없다는 것이다. 잘 다스려지지 않는다는 것의 의미가 사람들이 서로 사랑하지 않는다는 것이다. 이처럼 현상(결과)과 그 현상을 야기한 원인이 같기에, 대처방식도 단지 그런 현상을 부정하는 것에 불과할 뿐이다. 사람들이 서로 사랑하지 않기에, 사람들이 서로 사랑하지 않으니, 이제 사람들이 서로 사랑해서 결국 사람들이 서로 사랑하는 사회를 만들자는 주장일 뿐이다.

> 신하와 자식이 그의 임금이나 아버지에게 효도하지 않는 것이 이른바 혼란이다. 자식은 자신은 사랑하면서도 그의 아버지는 사랑하지 않는다. 그래서 아버지를 해치면서 자신을 이롭게 하는 것이다. 아우는 자신은 사랑하면서도 형은 사랑하지 않는다. 그래서 형을 해치면서 자신을 이롭게 하는 것이다. 신하는 자신은 사랑하면서도 임금을 사랑하지 않는다. 그래서 임금을 해치면서 자신을 이롭게 하는 것이다. 이것이 이른바 혼란인 것이다.[79]

묵가가 동어반복적 설명을 이상으로 생각하지 않았으면서도 그들이 실제로 원인과 결과로 제시한 것들이 동어반복적이라는 것은 아이러니한 일이다. 그럼에도 그들이 인과적 합리성의 구조를 통해 그들의 주장을 옹호하려 했던 시도는 높게 평가해야 한다.

c. 유(類 유사성) : 상관적 특성

그러나 묵가가 인과적 합리성의 구조를 제시했다고하더라도 여전히 현재의 우리의 안목에서 보자면 조잡한 논리를 편 것이 많다. 대표적인 것이 "착한 사람은 복을 받고, 악한 사람은 벌을 받는다"[80]는 주장이다. 이 주장은 왜 그러한지의 치밀한 분석 없이 수용되고 있다. 그러나 더 큰 문제는 처음에는 원인(이유)과 결과(현상)가 같아서는 안 된다고 해놓고, 그들의 실제 논리 전개에서는 이를 어기는 것으로 보이는 요소들이 있다는 것이다. 정치하는 사람은 나라의 정치가 잘되기를 원하는데, 실제로 그렇게 되지 못하는 까닭은 무엇인가라는 물음에도 묵자는 '현명한 사람이 많으면 나라가 잘 다스려진다' 고 하였다. 현명한 사람이 바로 정치가 잘되게 할 수 있다는 점에서 묵자는 여기서도 동어반복적 설명을 하고 있으며, 따라서 이것이 진정 묵자가 이상으로 생각했던 설명인지 의심스럽다. 이렇게 보면 묵자가 실제로 추구한 원인은 논증의 차원이 아니라 단지 설명 특히 부연설명의 차원에서 말해진 것은 아닐까?

위에서 보다시피 원래 묵가의 합리성의 개념은 단지 동어반복적 설명

---

79) "臣子之不孝君父 所謂亂也 子自愛 不愛父 故虧父而自利 弟自愛 不愛兄 故虧兄而自利 臣自愛 不愛君 故虧君而自利 此所謂亂也"「겸애상」.

80) "天下有義則生 無義則死 有義則富 無義則貧 有義則治 無義則亂"(『墨子』, 「천지상」).

에만 머무르지 않지만, 실제 그들의 실례들은 그러한 합리성의 개념을 잘 드러내고 있지 않다. 동아시아 사유의 일반적 특징인 상관적 사유[81]나 내향적 초월[82]의 사유처럼 횡적 연관, 내적 연관을 보여주는 설명방식만 있을 뿐이다. 인과적 사유의 특징인 환원주의가 없는 것은 아니지만 이 환원주의는 음양사상처럼 단지 순환적 환원성을 보여줄 뿐이다. 이런 순환적 환원성에 입각한 설명은 결코 정당화가 될 수 없으며 단지 설명일 뿐이다. 사실 이 점은 묵가가 원리는 구체적인 것 밖에 있어야 한다(옳음은 관습적인 것이 아니다)고 해놓고, 다시 천(天)이라는 인격적 존재를 끌어들이는 이율배반을 보이는 점과도 관련이 있지 않을까 생각한다. 삼표라는 추상적 원리로부터 다시 천이라는 구체적 존재로 회귀하고 있는 것이다. 이런 현상을 가능하게 한 것이 바로 묵가의 유사성(類)의 개념이다. 묵가에게서 객관적 이유라는 것은 원래의 주장과 '유사성'(類)을 지닌 것이다. 이 유사성이 앞서의 것들처럼 원래의 주장과 똑같은 것일 수도 있지만, 우리가 흔히 유사성이라는 말로 이해하듯이 단지 유비적 관계가 있는 것일 수도 있다. 예컨대 묵가는 '공격적 전쟁은 나쁘다' 라는 주장을 정당화하기 위해서 그러한 주장과 유사한 주장을 찾는다. 묵가가 찾은 유사한 주장은 '죄 없는 사람을 해치는 것은 나쁘다' 는 것이었다. 즉 공격적 전쟁이 나쁜 것은 죄 없는 사람을 해치는 것이 나쁜 것과 유사하다는 것이다. 묵가가 보기에 우리는 누구나 죄 없는 사람을 해치는 것은 나쁜 일로 비난한다. 그런데 훨씬 많은 사람을 죽이는 전쟁은 비난하지 않고 오히려 찬양한다는 것이다. 세상 사람들이 소수의 몇몇 사람을 해치는 것은 잘못이라 하면

81) Cf. David L. Hall and Roger Ames, *Thinking Through Confucius*, New York : State University of New York Press, 1987.

82) 위잉스 저, 김병환 옮김, 『동양적 가치의 재발견』(서울: 동아시아, 2007) 참조.

서 많은 사람을 해치는 전쟁을 비판하지 않는 것은, 마치 검은 것이 조금 있는 것은 검다고 하면서도, 검은 것이 많은 것은 하얗다고 하는 것과 같은 논리라고 보았다.[83] 묵자 입장의 타당성은 전쟁과 죄 없는 사람을 해치는 것 사이에, 약간의 검은 것과 많은 검은 것 사이에 그러한 유사성의 관계가 성립하느냐에 달려있다. 즉 약간의 검은 색과 많은 검은 색 간에는 양적인 차이만 있지 질적인 면에서는 동일한 유사성이 성립하는데, 전쟁과 죄 없는 사람을 해치는 것 사이에도 이런 비례가 성립하는지가 문제의 관건이다. 사실 나는 이런 비례가 성립되지 않는다고 생각한다. 어쨌든 우리는 이상의 논의를 통해 묵가 입장의 타당성과 무관하게, 묵가의 객관적 기준이 다름 아닌 유사성(類)에 입각한 것임을 확인할 수 있다. 묵가의 문제는 이 유사성이 지나치게 원래의 주장이나 사건과 닮은 것이거나, 여기서처럼 그 유비관계가 의심스럽거나에 두 가지 중 하나라는 데 있었다. 이러한 묵가의 유사성을 가지고 과연 객관적 의(義)를 찾을 수 있을까?

나. 후기묵가의 명학[84]

a. 「묵경」과 그 작성동기

현행본 『묵자』의 제 40-45장은 이른바 『묵변』[85], 혹은 『묵경』[86]이라고 알

83) 「非攻」참조.

84) 이글은 『철학논집』(제28집, 서강대철학연구소, 2012)에 실린 글을 수정 보완한 것이다.

85) 『진서 · 은일전』에는 진대의 노승이 쓴 『묵변주』의 서문이 있는데, 여기서 『묵변』에는 경상 · 하와 경설상 · 하가 있었다는 점에 착안하여, 『묵자』 40-45장을 『묵변』으로 칭하는 학자들이 생겼다. 그들 중의 일부인 「경상(經上)」, 「경하(經下)」, 「경설상(經說上)」, 「경설하(經說下)」는 『묵경(墨經)』, 「대취(大取)」, 「소취(小取)」를 포함하는 전체는 『묵변

려져 있는 부분이다. 중기 혹은 후기묵가[87]의 저작이라고 알려진 이 부분은 고대 중국의 언어, 논리사상은 물론 기하학, 역학, 광학, 정치학, 경제학 및 윤리사상 등에 관한 내용을 포함하고 있는 중국역사상 귀중한 가치를 지닌 것이라고 할 수 있다.[88] 서구의 저명한 중국 고대사상가인 그레이엄(Angus C. Graham)이 그의 기념비적 『묵경』 연구서의 제목을 『후기묵가의 논리학, 윤리학 및 과학』(*Later Mohist Logic, Ethics and Science*)[89] 이라고 한 까닭이 여기에 있다.

『묵경』의 중심주제는 변(辯)에 대한 것이라고 말해진다. 그럼 왜 후기묵가는 왜 변의 문제에 그렇게 신경을 썼는가? 아무래도 전기묵가와의 연결성 속에서 이것을 이해하는 것이 정당하지 않을까 싶다. 전기묵가의 주된 관심은 윤리, 정치적 영역에 있었다. 그들은 다른 제자백가 사상가들처럼 당시의 사회혼란을 극복할 방법을 찾았으며, 그 방법으로 겸애와 실용[90] 즉 통합주의와 실리주의를 내세웠다. 사회혼란은 아우르지 못하는 별애(別愛)와 실리를 챙기지 않는 명분주의로 부터 생겼으며, 따라서 그런 혼

(墨辯)』이라고 하였다.

86) 『장자』 「천하」편에서 묵자 사후 묵가가 세파로 나뉘어 서로 별묵(別墨)이라 칭하며, 『묵경』을 암송했는데, 그 내용이 견백동이의 변설이었다는 것에 착안해서 많은 학자들은 이 부분을 『묵경(墨經)』이라고 칭하였다. 이 논문에서는 이 입장을 따른다.

87) 와타나베 타카시(渡邊卓)의 분류에 따르면 중기묵가라고 해야 한다. 渡邊卓, 『古代中國思想の硏究』 (東京: 創文社, 1977). 여기서는 편의상 후기묵가로 칭한다.

88) 물론 이 부분은 심하게 훼손되어 있어, 의미 있는 연구결과를 낼 수 있는 가능성에 대해 회의하는 학자들도 많다. 이 글에서 『묵경』의 번역은 따로 표시하지 않을 경우, 손이양의 『墨子閒詁』에 기초한 나의 번역이다.

89) A. C. Graham, *Later Mohist Logic, Ethics, and Science* (Hong Kong: Chinese University Press, 1978), (이하에서는 *Later Mohist*로 약칭).

90) 겸애와 실용이라고 하지만, 겸애의 의미가 겸상애(兼相愛) 교상리(交相利) (「겸애중」)혹은 애리(愛利) (「비공중」)로 이해되었기에, 사실상 겸애에는 실용의 주장이 이미 포함되어 있다고 할 수 있다.

란을 종식시킬 방법은 겸애(兼愛)와 실리추구의 사고방식이라는 것이 그들의 합리적 사고의 결과물이었다. 그러나 역설적으로 합리주의자 묵가는 보통 인간에 대한 낙관적 전망을 가지지 않았다. 옳음이 무엇인지를 알아도, 즉 겸애와 실용의 길이 옳다는 것을 알아도, 보통 인간이 그렇게 행동할 거라고 생각하지 않았다. 다른 학파들처럼 수양을 통해서 자발적으로 옳음을 행하는 동기부여의 상태에 도달할 수 있다고도 믿지 않았다. 대신 그들은 옳음이 이로움을 준다면 인간이 그 옳음을 따를 수 있을 것이라고 보았다. 옳음이 이로움을 주기 위해서는 천, 천자, 귀신과 같은 존재가 필요하다. 즉 올바른 행동의 실천은 천(天)과 국가의 위협 내지 유도에 의해 가능하였다. 후기묵가의 접근은 이런 위협과 강제의 시도조차도 잘 작동하지 않을 때, 혹은 이런 위협과 강제의 시도와 함께, 우리가 호소할 수 있는 최후의 의지처로 그들이 합리적 설득의 기술 즉 변을 택했음을 보여준다. 그레이엄에 따르면 이런 흐름, 즉 후기묵가가 더 이상 천이 옳음의 원천임을 믿지 않게 된 이유는 B. C. 4세기에 벌어진 형이상학적 위기 때문이라고 한다. 이에 따르면, 이 시기에는 사욕을 따르는 것도 도덕을 따르는 것처럼, 그것이 천(天)에 의해 주어진 이상, 천명을 따르는 것이라는 생각이 들었다는 것이고, 이런 생각 때문에 후기묵가는 더 이상 천을 모든 도덕의 궁극적 원천으로 써먹을 수 없게 되었다는 것이다.[91)]

그 시간적 순서야 어찌 되었건 『묵경』은 『묵자』의 다른 편들과는 달리, 전혀 천지(天志)나 천(天) 혹은 천자(天子)의 권위에 의존하지 않고, 어디까지나 논리적 일관성이나 논리적 토대에 기대 묵가의 주장들을 옹호하

91) Graham, *Later Mohist*, p.244. 그레이엄에 따르면, 이런 흐름을 주도한 것은 양주학파였다.

기 위한 설득의 방법, 즉 변에 대한 논의를 전개하고 있다.[92] 그들은 먼저 변의 형식적 정의를 완성시킨 후에 구체적으로 그것을 겸애나 절용의 주장들을 옹호하기 위해 사용하였다. 예컨대, 변은 겸애의 주장에 대해서, 시간과 공간에 구애되는 한 개인이 어떻게 다른 사람들을 무차별적으로 사랑할 수 있는가의 문제에 답해야 했다. 또한 절용과 관련하여서는 단순한 선의만이 아니라, 무엇이 실질적 이익을 가져다 주는 것인가의 문제제기에 답해야 했다. 이것은 후기묵가로 하여금 사랑과 이익 혹은 의도와 성취의 관계에 대한 해명을 다시금 시도하게 하였다.[93] 후기묵가가 바로 이러한 점에 착안해서 작업을 시작했다는 것은 『묵경』 중에서도 초기에 쓰인 「대취」편을 살펴보면 알 수 있다.[94]

> 지금 세상에 도둑이 있음을 알고 있다 해도, 지금 세상 사람을 다 사랑한다. 이 방에 도둑이 있음을 알아도 이 방을 다 (미워하지는) 않는다. 그 한 사람이 도둑임을 알아도 그 두 사람을 다 (미워하지는) 않는다. 비록 그가 한 사람의 도둑이라도 진실로 그가 어디 있는지를 알지 못하면 그 무리를 다 미워한다.[95]

---

92) 이런 언어와 논리에 대한 묵가의 관심은 그들이 어느 학파보다도 '옳음' (道, 義)과 그 옳음의 표현수단으로서의 언(言)의 상관성에 처음부터 주목하였기 때문이기도 하다. Cf. Kwong-loi Shun, *Mencius and Early Chinese Thought*, Stanford: Stanford University Press, 1997, p. 32. 묵가에서 옳고 그름의 기준인 三表가 言을 평가하는 방식으로 표현된 것도 이 때문이다. cf. 「비명상」.

93) 좁은 의미의 겸애에서는 애(愛)보다는 겸(兼)의 문제가 핵심이고, 절용에서는 이(利)의 문제가 핵심이었다. 넓은 의미의 겸애는 이 두 가지 문제를 다 포함하는 주장이었다.

94) 그레이엄은 현행본 『묵자』의 제 44장인 「대취」편이 기본적으로 『묵경』 중에서 가장 최초의 것이라고 주장한다. 그 이유는 이 부분이 전기묵가의 관심사였던 윤리적 문제를 다루고 있고, 『묵경』 다른 편에서 보이는 일관되고, 주의 깊은 문법적 제약들이 여기서는 보이지 않는다는 이유를 들었다. Graham, *Later Mohist*, p. 243.

95) "智是之世之有盜也 盡愛是世 智是室之有盜也 不盡是室也 智其一人之盜也 不盡是二人 雖其一人之盜 苟不智其所在 盡惡其弱也" 「大取」.

『묵경』이 전기묵가의 겸애 주장과 관련이 있다는 점은 경(經)과 경설(經說)에도 이어진다.[96] 먼저 「경상」, 「경설상」에서 후기묵가는 겸(兼)의 개념을 분석한다:

(경상) 체(體 부분)은 겸(兼 전체)에서 나뉜 것이다.

(경설상) 체(體)는 이(二)의 일(一), 척(尺)의 단(端)과 같다.[97]

(경상) '견(見, 보는 방식)' 에는 '체(體,부분)와 '진(盡, 모두)' 의 두 가지가 있다.

(경설상) 見: 특이한 것 (한 가지)은 부분에서이고, 두 가지는 모두에서이다.[98]

위의 두 경과 경설을 통해 알 수 있는 것은 후기묵가에서도 겸은 여전히 정의가 필요한 중요한 개념이라는 사실이다. 겸(兼)이란 일종의 진(盡)과 같이 '모든 것을 아우른다' 즉 '전체' 의 의미이다. 체(體)는 이러한 겸의 한 부분을 의미한다. 체와 겸 즉, 부분과 전체의 관계는 상대적이어서 전체는 다시 더 커다란 전체의 부분이 된다. 마치 손이 손가락에 대해서는 전체이지만, 팔에 대해서는 부분이고, 팔이 손에 대해서는 전체일 수 있지만, 사지나 몸에 대해서는 부분인 것이다. 이런 세계관은 얼핏 유기체적 세계관을 연상할 수 있는데, 묵가는 사실 '단일 개별자' 와 '그런 개별자들의 묶음으로서의 전체' 의 세계관도 부분 - 전체의 세계관 안에 포섭하고 있다. 후기묵가는 이런 분석 하에 겸애의 문제에 대해 언급한다:

96) 물론 『묵경』에는 다른 주장 예컨대 '非命' 의 교설에 관한 문제를 다루는 부분도 있다. 그렇지만 역시 그 내용에 있어서 핵심적인 것은 겸애의 주장이다.

97) "體 分於兼也" 「경상」 "體 若二之一 尺之端也" 「경설상」.

98) "見 體 盡" 「경상」 "見 時者 體也 二者 盡也" 「경설상」.

(경하) 사람이 무궁함이 겸애를 함에 해가 되지 않는다. 그 이유는 채우는지 채우지 못하는지의 앎에 있다.

(경설하) 남쪽이 무궁하다. 유궁하면 다할 수 있고, 무궁하면 다할 수 없다. 유궁무궁도 아직 알 수 없으니, 다할 수 있음과 다할 수 없음도 아직 알 수 없다. 사람이 사방을 채우는지 채우지 못하는지도 아직 알 수 없다. 반드시 사람이 다할 수 있음과 다할 수 없음도 또한 아직 알 수 없다. 반드시 사람이 다 사랑할 수 없다. 사람이 만약 무궁을 채우지 않으면, 사람은 유궁한 것이다. 유궁한 것을 다하는 것은 어려움이 없다. 무궁을 채운다면 무궁이 다한다. 유궁을 다하는 것은 어려움이 없다.[99)]

(경하) 천하 사람의 수를 모르는 데도 사랑이 다할 수 있음을 안다. 그 이유는 질문에 있다.

(경설하) 일일이 그 수를 알지 못한다. 어찌 백성을 사랑함이 그것을 다하는 것이 됨을 알겠는가? 사람을 다 묻는다면 그 묻는 것을 다 사랑한다. 만약 그 수를 모르고도 사랑이 그것을 다하는 것을 아는 것은 어렵지 않다.[100)]

(경하) 그들이 있는 곳을 모르지만 사랑하는 데 해가 되지 않는다. 그 이유는 자식을 잃은 사람에 있다.[101)]

앞서 말했듯이 묵가 특히 후기묵가에 주어진 기본적 문제의식은 무차

99) "無窮 不害兼 說在盈否知" 「경하」 "無南者 有窮則可盡 無窮則不可盡 有窮無窮未可智 則可盡不可盡不可盡未可智 人之盈之否未可智 而必人之可盡不可盡亦未可智 而必人之可盡愛也 人若不盈先窮 則人有窮也 盈無窮 則無窮盡也 盡有窮無難" 「경설하」.

100) "不知其數 而知其盡也 說在明者" 「경하」 "不二智其數 惡智愛民之盡文也 或者遺乎其問也 盡問人則盡愛其所問 若不智其數 而智愛之盡文也 無難" 「경설하」.

101) "不知其所處 不害愛之 說在喪子者" 「경하」.

별적 사랑과 실용주의의 원리가 가진 문제점을 천이나 귀신을 동원하지 않고, 합리적으로 해결하는 것이었다. 즉, 좀 더 논리적이고 객관적인 토대에서 겸애를 옹호하려는 것이었다. 이것이 바로 이익과 시비를 계산하는 방법 즉 변(辯)이 등장하는 배경이다. 다시 말해 전기묵가가 그렇게 강조했던 공익의 추구는 주로 (어떤 대상에 대한) '우리의 사랑하는 마음' 과 (그 대상을) '실제 이롭게 해 주는 행위' 사이의 간극을 인정하고, 전자보다는 후자를 추진해나가는 것인데, 그러자면 여러 선택적 행위들 중에서 무엇이 가장 이로운 것인지, 무엇이 가장 손해를 최소로 하는 것인지 따져볼 수 있는 능력이 선행되어야 할 것이다. 후기묵가는 바로 이러한 판단능력을 지성의 손익계산인 권(權) 혹은 변(辯)의 능력에서 찾았다.

> 체(體) 가운데에서 가벼움과 무거움을 재는 것을 권(權)이라고 한다. 권(權)은 '시(是)가 되는 것' (…을 위하는 것)이 아니고, '비(非)가 되는 것' (…을 위하지 않는 것)도 아니다. 권(權)은 중심을 바로 잡는 것이다. 손가락을 잘라 팔을 보존할 수 있으면, 이익 중에서 큰 것을 취하고, 손해 중에서 작은 것을 취하는 것이다. 손해 중에서 작은 것을 취하는 것은 손해를 취하는 것이 아니라, 이익을 취하는 것이다. 취해지는 것은 다른 사람에게 달려 있다. 도둑을 만나서 손가락을 잘라 몸을 무사히 하는 것은 이익이나 그가 도둑을 만난 것은 손해이다. 손가락을 끊음과 팔을 끊음이 천하에 이익을 줌이 같다면 선택함이 없을 수 없다. 삶과 죽음이 이익의 면에서 같다면 선택함이 없을 수 없다.[102]

102) "於所體之中 而權輕重之謂權 權非爲是也 非非爲非也 權 正也 斷指以存擘 利之中取大 害之中取小也 害之中取小也 非取害也 取利也 其所取者 人之所執也 遇盜人 而斷指以免身 利也 其遇盜人 害也 斷指與斷腕 利於天下相若 無擇也 死生利若 一無擇也"「大取」.

b. 변의 형식적 정의

이처럼 후기묵가가 위의 문제를 해결하는 방식은 분별, 즉 변(辯)이었다. 사실 이 분별의 방법은 전기묵가에서 이미 강조된 방법이었다.

> 오늘날 천하 사람들이 모두가 의(義)로 삼는 것은 성왕의 법이다. (그런데도) 지금 제후들은 오히려 정벌과 겸병을 많이 한다. 이것은 의(義)를 기린다는 이름(名) 뿐이며, 그 실제 알맹이(實)는 살피지 못하는 것이다. 비유하자면 장님이 다른 사람처럼 흑백의 이름(名)을 말하면서도, 그러한 사물을 분별하지 못하는 것과 같다.[103)]
>
> 지금 장님이 말하기를 백색은 희고, 흑색은 검다고 한다면 비록 눈이 밝은 사람이라도 그것을 바꿀 수 없다. 흰 것과 검은 것을 섞어놓고 장님으로 하여금 어떤 것을 가지게 한다면 할 수가 없다. 그러므로 내가 장님은 흰 것과 검은 것을 모른다고 하는 것은 그 이름을 두고 한 것이 아니라 그 실제 취하는 능력을 두고 하는 것이다.[104)]

기본적으로 전기묵가에 있어서 변은 그저 단순히 어떤 개념을 아는 것만이 아니고, 그 개념을 실제에서 구현할 수 있는 능력을 말했다. 이러한 사실이 후기묵가에 와서 크게 달라진 것은 아니다. 다만 후기묵가의 공헌은 전기묵가의 이 구현의 방법을 더욱 확장하고, 체계적으로 발전시켰다는 데 있다. 변(辯)이 바로 그 방법이었다. 먼저 변의 목적 및 방식에 대해

---

103) "今天下之同義者 聖王之法也 今天下之諸侯 將猶多皆免攻伐並兼 則是有譽義之名 而不察其實也 此譬猶盲者之與人 同命白黑之名 而不能分其物也"「非攻下」.

104) "今瞽曰 鉅者白也 黔者墨也 雖明目者無以易之 兼白黑 使瞽者取焉 不能知也 故我曰瞽不知白黑者 非以其名也 以其取也"「貴義」.

후기묵가가 한 말을 보자.

> 무릇 변이란 '이것'(是)과 '이것-아님'(非)의 몫을 분명히 함으로써, '다스려짐'(治)과 '다스려지지 않음'(亂)의 기틀을 탐구한다. '같음'(同)과 '다름'(異)의 장소를 분명히 함으로써, '명분'(名)과 '실질'(實)의 이치를 살핀다. '이익'(利)과 '손해'(害)를 규정함으로써, '혼동'(嫌)과 '의심'(疑)을 해결한다.[105]

한마디로 후기묵가에게 변이란 명(名)과 실(實)뿐만 아니라, 치(治)와 난(亂), 혐(嫌)과 의(疑)의 해결을 위한 것이었다. 명(名)과 실(實)이 치(治), 난(亂), 혐(嫌), 의(疑)와 나란히 쓰여 진 점으로 보아, 명과 실은 언어와 세계의 의미보다는 명분과 실리라는 다분히 정치, 윤리적 영역을 가리키는 것임을 알 수 있다. 다시 말해 변이란 시비, 동이, 손익계산을 통해 윤리적, 정치적 질서를 확보하는 것이었다. 또한 변이란 앞서의 권(權)에 대한 인용문과는 달리, 단순한 손익계산만이 아니고, 시비와 동이의 계산을 포함하는 탐구과정이다. 그렇다면 시비, 동이 손익계산은 어떻게 이루어지나? 먼저 변(辯)은 개념상 반드시 진리를 확보하는 것으로 그려졌다. 그들에게 참된 변이란 충돌하는 주장들 사이에서 어떤 주장이 참인지를 결정할 수 있는 것이고, 따라서 그것은 둘 다 참일 수 없는 충돌하는 대안들 사이에서 이루어지는 것이었다. 그러므로 그들은 '한 사람은 소라고 하고, 다른 사람은 소가 아니라고 하는 상황에서 참된 하나를 결정하는 것이 변이고, 한 사람은 개라고 하고, 다른 사람들은 소라고 부르는 상황 혹은 한 사

105) "夫辯者 將以明是非之分 審治亂之紀 明同異之處 察名實之理 處利害 決嫌疑" 「소취」 cf. Gramham, *Later Mohist*, p. 475.

람은 개라고 하고 다른 사람은 강아지라고 부르는 상황은 변이 아니라고 보았다. 왜냐하면 그런 상황들은 둘 다 거짓이거나 둘 다 참일 수 있기 때문이었다.

> (경상) 변(辯 분별)은 반(仮)[106]을 다투는 것이다. 변(辯)에서 이긴 것이 마땅한 것이다(사실과 부합하는 것이다).
>
> (경설상) 한 사람은 "소"라고 하고, 다른 사람은 "소가 아니다"라고 하는 것이 반(仮)을 다투는 것이다. 둘 다 마땅할 수는 없다. 둘 다 마땅할 수 없으면 필연적으로 그 중의 하나는 마땅하지 않다.((강아지와) 개사이의 경우와는 다르다)[107]
>
> (경하) 변(辯)에 승리자가 없다는 것은 부당하다. 이유는 변(辯)에 있다.
>
> (경설하) 말해지는 것은 같지 않으면 다른 것이다. 같으면 한 사람은 강아지라고 하고, 다른 사람은 개라고 한다. 다르면 한 사람은 소라고 하고 다른 사람은 말이라고 한다. 둘 다 승리함이 없으니 이것은 변(辯)을 하는 것이 아니다. 변(辯)이라는 것은 한 사람은 이것이라고 하고, 다른 사람은 이것이 아니라고 하여, 마땅한 자가 승리하는 것이다.[108]

이처럼 변은 A 혹은 ¬A, 그렇지만 둘 다는 아닌 형태, 묵가의 용어로 말

106) 사실 이 仮의 현재 독음은 '가' 이다. 그러나 이 글자가 반(反)과 의미상 밀접한 관계가 있고, 이 글자의 고음은 '반' 이었을 가능성이 크기에 '반' 이라고 읽는다. 원문 피(彼)를 반(仮)으로 교정한 것에 대해서는 Gramham, *Later Mohist*, pp. 184-185 참조.

107) "辯 爭彼也 辯勝 當也" 「경상」 "辯 或謂之牛 謂之非牛 是爭彼也 是不俱當 不俱當 必或不當 不若當犬" 「경설상」.

108) "謂辯無勝 必不當 說在辯" 「경하」 "謂 所謂非同也 則異也 同則或謂之狗 其或謂之犬也 異則或謂之牛 其或謂之馬也 俱無勝 是不辯也 辯也者 或謂之是 或謂之非 當者勝也" 「경설하」.

하면 반(仮)의 형태를 통해 문제를 해결하는 체계이다.[109] 그러나 앞서 변이란 단순히 개념을 아는 것이 아니라, 실제에서 그것을 구현하는 것이라고 지적했듯이, 문제는 실제로 반(仮)을 만드는 방식이 무엇이냐는 것이다. 다시 말해, '소이다' 와 '소가 아니다' 의 상황을 만들기 위한 변의 구체적인 개념적 장치가 무엇인가 하는 것이다.

> 백마는 말이 아니다. 홀망아지(부모없는 망아지)는 일찍이 부모가 없다. 설(說)이 있으면 '이것이고' (是), 설(說)이 없으면 '이것이 아니다' (非). 강아지를 죽이는 것은 개를 죽이는 것이 아니다. 설(說)이 없으면, 이것이 아니다. 무릇 (사(辭)는 이유(故), 기준(理), 유사성(類)의)세 가지가 갖추어진 후에 생길 수 있다.[110]

위의 인용문에서 후기묵가는 시(是)와 비(非)를 결정하는데 있어서, 설(說, 설명)의 중요성을 말하고 있다. 그런데, 설(說)이 제공해 줄 수 있는 것이 바로 고(故, 이유, 원인), 류(類, 유사성), 법(法 ,기준, 위에서는 理로 표현되었다)이다.[111] 먼저 법(法)과 류(類)는 직접적으로 어떤 대상에 대해 '…이다' (是) 혹은 '…이 아니다' (非)를 결정해주는 것이라고 할 수 있다. 법(法)은 후기묵가의 체계에서 기술의 정확성을 알려주는 기준을 의미한

---

109) 후기묵가들이 윤리, 정치적 문제에 관심을 가지고 있음에도, 변에서 사용되는 예들이 구체적 사물들인 것은 매우 흥미롭다. 그들은 구체적 사물들에 대해 이견이 없는 것처럼, 윤리, 정치적 이슈들도 이견이 없는 방식으로 해결되기를 원했다고 볼 수 있다. 앞서의 인용문에서 시(是)와 비(非)를 각각 '옳음' 과 '그름' 대신 '이것' 과 '이것-아님' 으로 번역한 것은 이런 묵가의 의도를 드러내기 위해서였다.

110) "非白馬焉 執駒焉說求之 舞說非也 漁大之舞大 非也 三物必具 然後足以生" 「대취」.

111) 물론 "이설출고(以說出故)" 라는 말이 있듯이 설(說)이 직접 제공하는 것은 고(故)이다. 유(類)와 법(法)은 아래에서 보여지는 것처럼 간접적으로 설(說)과 연결되어 있다.

다. 류(類)는 문제가 되는 대상과 이 기준과의 유사성을 가리킨다. 그 대상이 기준과 유사하면 '…이다' 가 적용되고, 그렇지 않다면 '…이 아니다' 가 적용된다.

(경상) 법(法)이란 그것과의 유사성 속에서 어떤 것이 그러하다고 말해지는 것이다.

(경설상) 인상/개념/의도(意), 컴퍼스(規), 원(員)이다. 이 세 가지가 기준(法)으로 사용될 수 있다.[112)]

경(經)이 기준(法)의 일반적 정의에 대해 말한다면, 경설(經說)은 기준의 특수 경우 즉 여기서는 원의 기준에 대해 말하고 있다. 경(經)에서 드러난 기준의 의미는 어떤 것이 기준과 유사(類)하다면 우리는 기준을 지칭하기 위해서 사용하는 명칭을 가지고 바로 그 어떤 것을 부를 수 있다는 것이다. 물론 그 어떤 것이 기준과 유사성이 없다면 우리는 기준을 지칭하기 위해서 사용하는 명칭을 그 어떤 것에 대해 사용할 수 없다. 예컨대 경설(經說)에 나오는 원의 경우, 우리가 어떤 것을 "원"이라고 말하고 싶으면 우리는 그것이 원의 기준들과 유사성이 있는지를 따져보아야만 한다. 유사성이 있으면, 그것을 "원"이라고 부를 수 있다. 기준과 그것 사이에 유사성이 없으면 물론 그것을 "원"이라고 부를 수 없게 된다. 위의 경설(經說)에서 후기묵가는 원의 세 가지 기준을 말한다: 원에 대한 심적 인상/개념/의도(意), 원을 만드는 기구인 컴퍼스(規), 그리고 실제의 구체적 원(員)이다. 모든 경우에 컴퍼스와 같은 '만드는 기구' (maker)가 있는 것은 아니

112) "法 所若而然也" 「경상」 "法 意 規 員 三也俱 可以爲法" 「경설상」.

므로 '인상/개념/의도'와 '(합의된) 실제 대상'이 대체로 대표적인 기준의 형태들이다. 인상/개념/의도는 또한 언어적 정의로 표현되므로, 경(經)에서 보이는 용어의 정의들이 바로 객관적 기준들로 작용된다.

진술의 객관성은 종종 고(故 근거, 이유)의 개념으로도 표현이 될 수 있다. 어떤 진술 주장에 대한 근거가 바로 기준이기 때문이다. 전기 묵가에서 자주 사용되었던 고(故)는 기본적으로 주장을 뒷받침하는 이유/원인이며, 설명(說)이 제시하고자 하는 것이다. 고(故)개념의 중요성은 『묵경』이 바로 이 개념의 정의로부터 시작하는 사실로부터 잘 알 수 있다.

> (경상) (어떤 것의) 고(故 이유/원인)는 그것이 이루어지기 위해 있어야만 하는 것이다.
> (경설상) 소고(小故)는 이것이 있어도 반드시 그렇게 되는 것은 아니지만, 없으면 반드시 그렇게 되지 않는 것이다. … 대고(大故)는 이것이 있으면 반드시 그렇게 되고, 없으면 반드시 그렇게 되지 않는 것이다. …[113)]

위의 경(經)에서 고(故)는 필요조건으로 정의되어있다. 그러나 경설(經說)은 필요조건뿐만 아니라 필요충분조건까지를 말하고 있다. 경설 중의 소고(小故)는 필요조건을 의미하고, 대고(大故)는 필요충분조건을 가리킨다. 이것은 앞서 말한 체(體), 일(一) (부분)과 겸(兼), 이(二) (전체)에 대응되는 개념들이다. 중국에서 소(小)와 대(大)를 병칭할 때 대체로 대(大)가 더 선호된다는 관습에서 볼 때, 후기묵가는 소고(小故)보다는 대고(大故)를

113) "故 所得而後成也" 「경상」 "故 小故 有之不必然 無之必不然... 大故 有之必然 無之必不然" 「경설상」.

더 이상적으로 생각했었다고 할 수 있다. 그러나 대고는 『묵경』 안에서 실제적으로 단순한 유의어 혹은 동어반복이기에 커다란 이론적 의의가 없거나, 또 논쟁자를 포함하여 누구나 받아들일 수 있는 대고(大故)를 찾는 것이 실제로 쉽지 않기에, 사실상 『묵경』 안에서 이론적 중요성을 갖는 것은 소고(小故)라고 할 수 있다. 경(經)의 고(故)에 대한 규정이 소고(小故)를 의미하는 것은 이 때문일 것이다. 이런 의미에서 『묵경』의 작업은 실질적으로는 어떤 것의 필요조건을 찾는 작업 즉 기본 가정을 찾는 작업(the inquiry of presupposition)이라고 할 수 있다. 예컨대, 「경상」에서 후기묵가가 '이로움은 의로움이다' 하지 않고, '의로움이 이로움이다' 라고 하는 것은 의미심장하다. 묵가가 보기에, 이로움은 의로움의 필요조건이지 충분조건은 아니다. 이로움만 따져서는 의로움의 정체를 다 밝힐 수 없다. 그럼에도 일단 이로움이 없는 의로움은 생각할 수 없다는 것이 묵가의 입장이었다. 이것만으로도 타 학파, 특히 유가 윤리의 맹점을 공격할 수 있었다.

묵가에서 중요한 고(故)가 주장의 필요조건이기에 그것은 앞서 말한 기준(法, 혹은 理)과 같아진다.[114] 왜냐하면 기준의 하나로서 인상/개념/의도가 바로 필요조건이었기 때문이다. 『묵경』의 다음 구절이 이유(故)와 기준(法)이 다른 것이 아님을 보여준다.

(경상) 어떤 하나의 기술에 있어서, 그 기술이 미묘한 전환을 보이면 그 기술의 고(故)를 구하라.

(경설상) 이미 성립된 말에 반대하여 (새롭게) 이 말을 성립시키려한다면 이 말

114) 물론 완벽한 기준은 이상적 고 (故)인 대고(大故) 즉, 필요충분 조건을 가리킨다.

을 쓰게 만든 기준을 구하라.[115]

위의 구절에서처럼 고(故 이유/원인)를 법(法 기준)과 같게 볼 수 있다면, 후기묵가의 작업 안에서는 정확하게 기술하기 위해 기준을 제시하는 행위와 한 주장을 옹호하기 위해 이유를 제시하는 행위는 결국 같은 행위임을 알 수 있다. 이는 바로 묵가의 기술이론과 추리이론이 서로 분리될 수 없음을 의미한다. 그러나, 변이 비록 추리적 측면을 갖는다고 해도, 그것은 서구의 논리학에서처럼, 우리의 추론과정 중에 우리가 의지할 수 있는 타당한 형식이 무엇인지를 묻지 않고, 기본적으로 하나의 언어적 표현이 가리키는 것이 무엇인지를 묻는다. 즉 기본적으로는 변에는 기술의 측면이 보다 풍부하다고 할 수 있다. 따라서 변은 추리의 타당성을 묻는 논리학적 관심에서보다는 언어적 표현의 의미를 묻는 언어의미론적 관심에서 수행되고 있다. 물론 정확하게는 표현의 지칭체를 문제삼는 언어의미론이라기보다는 표현자가 표현을 통해 전달하려는 것이 무엇인지를 묻는 언어화용론적 관심이다. 여기서 우리는 후기묵가의 변을 정명론(正名論) 즉 중국고대의 명학(名學)전통과 자연스럽게 연결시킬 수 있다.

명학이란 공자의 정명(正名)주장에서 나온 것으로 공자의 정명이란 언어의 바른 사용을 통해 정치적 안정을 이룩할 수 있다는 것이다. 언어의 바른 사용이란 언어가 정확하게 사실을 지칭하는 것 즉 명(名)이 정확하게 실(實)을 가리키는 것이다.[116] 그러나 조심해야 할 것은 공자에 있어서

115) "服執說 巧轉則求其故" 「경상」, "服 難成言 務成之九 則求執之法" 「경설상」. 이곳의 해석은 그레이엄을 따랐다. Graham, *Later Mohist*, pp.343-4.

116) 여기서의 명(名)을 단순한 이름이 아니라, 개념으로 볼 수도 있겠다. 그러나 고대 중국에서 이름과 개념의 구분은 명확하게 이루어진 것이 아니기에, 일단은 명(名)을 이름으로 받아들이겠다.

정명주장은 그저 언어와 세계의 대응관계에 대한 관심에 의한 것이 아니라, 이상(名)과 현실(實)의 일치 혹은 이상에 따른 현실의 개선을 이루려는 정치적 행위이다. 물론 공자에 있어서도 공자가 군자(君子), 인(仁), 사(士), 효(孝), 예(禮) 등의 개념들에 대해 논의하고 '재정의' (redefine)하는 모습이 보이는 것을 부정할 수는 없다. 여기서는 대체적 방향이 그렇다는 것을 지적하는 것이다.

묵가의, 특히 후기묵가의 정명은 공자나 유가의 정명이 너무 이상에 치우치는 것을 비판하는 작업이었다. 현실화되지 않는 이상은 그저 허상에 불과하다는 것이 그들의 판단이었다. 그래서 무엇보다도 현실파악이 중요했고, 그들은 이런 현실 파악 위에 그것을 적절히 담기 위한 언어체계를 고안했던 것이다. 한마디로 공자의 정명이 명에 실을 맞추는 것이었다면, 묵가의 정명은 실에 명을 맞추는 것이었다. 물론 그 지향점은 공히 명실일치(名實一致)였다.

그런데, 사실 명학에서 의도하는 정확한 명실의 일치가 그렇게 쉬운 것이 아니다. 명학의 언어화용론적 관심에서, 실(實)이란 것은 문맥에 따라, 상황에 따라 정해지는 것으로, 고정된 것이 아니기 때문이다. 후기묵가가 보기에, 명(名)은 '부르는 것', 실(實)은 '불리어지는 것'[117]이다. 그런데, 『묵경』에 보이는 명의 종류만 해도 달명(達名), 유명(類名), 사명(私名)[118]이 있고, 그 이외에도 단명(單名), 겸명(兼名) 등의 구분이 있을 수 있다. 겸명이란, 『순자』「정명」편에서 "하나만으로 알 수 있으면 하나로 하고, 하

117) "所以謂 名也 所謂 實也"「경설상」.

118) 達名은 "物" 같이 모든 實에 적용되는 이름, 類名은 "馬" 같이 유사한 사물에 적용되는 이름, 私名은 "臧" 같이 한 사물에 적용되는 이름이다. cf. Graham, *Later Mohist*, pp. 325-326.

나로 알 수 없으면 둘로 한다"[119]에서의 둘(두 글자)로 이루어진 이름을 말한다. 예컨대, "백(白)", "마(馬)", "우(牛)"가 단명이라면, "백마(白馬)"나 "우마(牛馬)"와 같은 것들이 겸명이다.[120] 그런데 문제는 이러한 명으로 실을 부르는 방식이 다양하다는 것에 있다.

> (경상) 부르는 것 (謂)에는 '옮기다' (移)와 '들다' (擧)와 '더하다' (加)가 있다.
>
> (경설상) "강아지"를 가리켜 "개"라고 부르는 것은 옮기는 것이고, "강아지"와 "개"로 부르는 것은 바르게 든 것이고, "개"라고 꾸짖어 부르는 것은 더하는 것이다.[121]

위에서 말한 것처럼 후기묵가는 명으로 실을 부르는 활동(謂)을 단순히 언어적 표현과 그 대응물의 관계에서만 파악하지 않고, 세 가지로 보았다. 가장 간단한 것은 단명으로 사물을 열거하는 것이고(擧,듦), 조금 복잡한 것은 한 이름을 다른 이름으로 전환하는 것이고(移, 옮김), 그리고 마지막으로 발화자의 의도가 개재된 이름 부르기(加, 더함)의 관계도 있다. 지칭의 혼란은 이런 여러 가지를 다양하게 고려하지 못하는 데에서 나온다. 후기묵가는 그것을 광거(狂擧 미친 열거)라고 보았다.[122]

---

119) "單足以喻則單 單不足以喻則兼" 『순자』「정명」.

120) 『공손룡자』「백마론」에서는 겸명 대신에 "복명"(復名)이라는 말을 사용한다.

121) "謂 移 擧 加"「경상」. 灑謂狗犬 命也 狗犬 擧也 叱狗 加也 「경설상」이 부분의 해석은 기본적으로 그레이엄을 따랐다. cf. Graham, *Later Mohist*, pp.326-7.

122) 사실 서구의 철학자 아리스토텔레스의 경우도 그의 철학방식은 언어의 지칭문제 즉 언어 의미의 다의성(多義性)을 해명하는 것이었다. 그러나 아리스토텔레스에 있어서 다의성의 문제는 단순한 유비가 아니라 하나의 본성에 기반을 둔 것이다. 예컨대, 아리스토텔레스는 『형이상학』에서 "존재는 여러 가지 방식으로 말해진다"라고 하였는데, 그는 "존재"라는 표현의 다양성을 단순한 동음이의어의 문제가 아니고, 단일한 본성에서 연유되는 것으로 파악하였다.

(경하) 광거(狂擧)는 차이를 알 수 없으니 그 이유는 ((牛馬가 非牛임이) 不可함이 있음에 있다. 牛馬가 非牛임은 (牛馬가 牛라고 하는 것도, 馬라고 하는 것도) 不可하다는 것과 같으니 그 이유는 겸(兼)에 있다.

(경설하) 牛의 본성은 馬와 비록 다르지만 牛가 이빨이 있고, 馬가 꼬리가 있는 것을 통해 牛가 馬가 아니라는 것은 불가하다. 이것은 모두 가지고 있는 것인데 한 쪽은 있고 한 쪽은 없는 것이 아니다. 牛와 馬가 같은 류(類)가 아님은 牛가 뿔이 있고, 馬가 뿔이 없는 것을 통해서 인데, 類가 不同한 것이다. 만약 牛가 뿔이 있고, 馬가 뿔이 없는 것을 들어 類가 같다고 한다면 이것은 狂擧이다. 牛가 이빨이 있고, 馬가 꼬리가 있는데, 혹은 牛가 아니라고 하고, 실제로 牛가 아닐 수 없다와 같다. 혹시 牛가 아니지만 牛와 類가 같으니 牛라고 부를 수 있다. 그러므로 牛馬가 牛가 아니라고 말하는 것은 아직 가능하지 않다. 牛馬를 牛라고 하는 것은 아직 가능하지 않다. 혹 可하고 혹 不可한데, 牛馬가 牛라는 것은 아직 가능하지 않다는 것도 또한 不可하다. 牛도 둘이 아니고, 馬도 둘이 아닌데 牛馬는 둘이다. 牛는 牛가 아닐 수 없다. 馬는 馬가 아닐 수 없다. 牛馬가 牛가 아니고, 馬가 아님은 어렵지 않다.[123]

(경하) 인의가 내(內)와 외(外)라는 것은 잘못이다. 그 이유는 잘 들어맞지 않음에 있다.

(경설하) 인(仁)은 사람을 사랑하는 것이다. 의(義)는 이익을 주는 것이다. 사랑하는 마음과 이익을 주는 마음은 자기에게 있다. 사랑을 받고 이익을 받는 것은

---

123) "狂擧不可以知異 說在有不可 牛馬之非牛 與可之同 說在兼"「경하」"牛狂與馬惟異 以牛有齒 馬有尾 說牛之非馬也 不可 是俱有 不偏有偏無有 日之與馬不類 用牛有角馬無角 是類不同也」若擧牛有角馬無角 以是爲類之不同也 是狂擧也 猶牛有齒 馬有尾 或不非牛而非牛也可 則或非牛或牛而牛也可 故日牛馬非牛也未可 牛馬牛也未可 則或可或不可 而日牛馬牛也未可亦不可 且牛不二 馬不二 而牛馬二 則牛不非牛 馬不非馬 而牛馬非牛非馬 無難"「경설하」.

밖에 있다. 사랑하고 이익을 주는 것은 안과 밖이 되지 않는다. 사랑을 받고 이익을 받는 대상은 또한 안과 밖이 되지 않는다. 그는 인은 안이라 하고, 의는 밖이라 일컫는다. 사랑하는 것과 이익을 받는 대상을 거론한 것이다. 이것은 광거(狂擧)이다. 마치 왼쪽 눈이 나가고, 오른 쪽 눈이 들어오는 것과 같다.[124]

광거는 우마(牛馬)가 때로는 마(馬)를 가리킬 수도 있고, 우(牛)를 가리킬 수도 있으며, 또한 비마(非馬)를 가리킬 수도, 비우(非牛)를 가리킬 수도 있는 다양한 가능성을 알지 못함에서 나오는 것이다. 그런데, 후기묵가의 명학 상에서의 광거는 단순한 인식 상의 오류가 아니고, 앞서 말했듯이 이상을 현실화하지 못하는 상황이다. 이런 광거를 해결하는 방법은 결국 집중하는 것 뿐이다. 이것에는 어떤 규칙도 있을 수 없다. 유일하게 이런 애매모호성을 해결할 수 있는 방식은 구체적 지칭과정에서 한눈팔지 않고 집중하는 것이다. 그 집중의 방법이 앞서 말한 말의 고(故), 법(法), 류(類)를 따져보는 것이다. 『묵경』이 시도한 말의 의미에 대한 분석에 따르면, 말의 의미는 그 말을 하게 된 이유(故), 그 말이 성립할 수 있는 객관적 기준(法), 또 그 기준과의 유사성(類)을 따져보아야 알 수 있다. 이런 것들이 종합적으로 파악되어야지, 그 말의 진정한 의미를 알 수가 있고, 결국 그 말에 적절히 대응할 수 있다. 언어란 이처럼 여러 가지 상황을 따라 다양한 의미를 띠고 나타난다. 이처럼 말의 의미는 상황과 맥락에 의존적이기에, 후기묵가는 문장의 형식만을 보고 그 의미를 파악할 수는 없다고 보았던 것이다. 이른바 추론에 대한 이론으로 해석되어온 「소취」편의 '夫物

124) "仁義之爲內外也 內 說在仵顏" 「경하」 "仁 仁愛也 義 利也 愛利此也 所愛所利彼也 愛利不相爲內外 所愛利亦不相爲外內 其爲仁內也 義外也 擧愛與所利也 是狂擧也 若左目出右目入" 「경설하」.

或乃是而然 或是而不然 或一周而一不周 或一是而一不是也' (무릇 物이란 이것이어서 그러하고, 혹 이것이지만 그러하지 않고, 혹 한번은 두루하지만 한번은 두루하지 않고, 혹 한번은 이것이지만 한번은 이것이 아니다) 라는 구절은, 말이란 맥락적으로 의미가 정해짐을 나타내는 도식으로 보아야지 추론의 법칙을 확립하기 위한 도식[125]으로 보아서는 안 된다. 여기서 우리는 묵가와 도가와의 유사성을 확인할 수 있다. 도가에는 우리의 지식이 실에 대한 지식이어야 한다는 것, 명은 사물을 고정시키는데 반해, 실은 항상 유동적이라는 것 등등 언어와 사물에 대한 믿음들이 있는데, 이것들은 위에서 말한 묵가의 견해와 상당히 유사하다. 그러나 바로 이 지점에서 도가는 언어회의주의의 길로 들어선다. 한마디로 언어로는 도저히 실의 이해에 다가갈 수 없다는 길로 나아가는 것이다. 하지만 묵가는 기본적으로, 비록 쉽지 않다 할지라도 실(實)이란 도달 가능한 것, 즉 우리가 집중하고 주의를 기울인다면 얼마든지 합의에 이룰 수 있는 것임을 믿었으며, 바로 이런 긍정적 믿음들을 바탕으로 명(名)에 대한 적극적 탐색의 길로 나아가게 되었던 것이다.[126] 바로 이 때문에 묵가는 대략적이나마 몇 가지 형태로 추론의 개략적 진행과정을 말할 수 있었던 것이다.

---

125) 시이연(是而然)'과 '시이불연(是而不然)' 등도 추론의 도식으로 볼 수 있지만, 이것은 구문론적 추론도식이 아니라, 의미론적 추론도식이다. 「소취」 편에서, 위의 각각의 도식의 예로 등장하는 '백마는 말이다. 따라서 백마를 타는 것은 말을 타는 것이다'와 '도둑은 사람이다. 하지만 도둑을 죽이는 것은 사람을 죽이는 것은 아니다'의 문장들을 상이한 도식에 배치하는 것은 구문론적 근거에 의한 것이 아니다.

126) 한센(Chad Hansen)은 이와 달리 후기묵가도 도가를 따라 언어회의주의의 길로 들어섰다고 해석한다. Chad Hansen, *Language and Logic in Ancient China*, Ann Arbor: The University of Michigan Press, 1983, p.139.

다. 소결

겸애와 실용으로 대표되는 초기 묵가 주장의 본질적 특색은 다음과 같다. 첫째, 개인의 덕성에 기반한 개인 윤리라기보다는 정치와 정책적 사고의 관점에서 사랑의 보편성을 강조하였다. 둘째, 단순한 바람, 의도, 말, 명분보다는 실제의 이익, 성취를 강조하였다. 즉, 명보다는 실을 강조하였다든지 실에 입각한 명의 제정을 도모했다든지 하는 평가를 내릴 수 있을 것이다. 셋째, 이러한 보편적 사랑, 이익, 성취의 강조를 천이나 국가의 권위에 의해 해결하려 하였다. 이처럼 전기묵가 사상의 본질은 별애(別愛)와 의도에 대해 겸애(兼愛), 성취의 강조와 그것들을 실행에 옮기기 위한 권위의 존중이었다. 반면에 후기묵가는 겸애와 이익 성취의 가능성에 대해 천이나 국가의 권위에 의해서보다는 변의 방식을 통해 옹호하려 하였다. 즉 언어의 의미 혹은 지칭의 문제에 대한 탐구를 통해 겸애와 이익의 추구를 적극적으로 승인했던 것이다. 한마디로, "겸애"라는 언어적 표현이 가리키는 것이 무엇인지, 그것은 어떻게 실제와 대응될 수 있는지를 따짐으로써, 문제를 해결하려 했던 것이다. 이러한 노력의 결과, 후기묵가는 兼이 결국은 의도를 통해 확보된다는 것을 인정하였고, 그에 따라 미덕에 있어서도 전기묵가와는 달리 의도가 역할을 할 수 밖에 없음을 인정하였다. 그들은 먼저 사랑과 이익을 구분하고 나서, 미덕을 구성함에 그 둘은 다 필요한 것이라는 태도를 취했다. 미덕은 한마디로 관련된 사람들을 위하려는 의도와 그들을 이롭게 할 수 있는 능력의 결합이라는 것이다.

먼저 후기묵가는 사랑함과 이익을 줌은 다르다고 보았다. 이는 물론 전기묵가에서도 드러나지만, 후기묵가는 변의 방식을 써서 이를 더욱 더 명

확하게 구분한다.[127)]

> 하늘이 사람을 사랑함은 성인이 사람을 사랑함보다 엷다. (그렇지만) 하늘이 사람을 이롭게 함은 성인이 사람을 이롭게 함보다 두텁다. 대인이 소인을 사랑함은 소인이 대인을 사랑함보다 엷다. (그렇지만) 대인이 소인을 이롭게 함은 소인이 대인을 이롭게 함보다 두텁다. (노예) 장이 우리 부모를 위하므로 (잘 섬기므로) 그를 사랑하는 것은 우리 부모를 사랑하는 것이다. 장이 우리 부모를 위하지만 (잘 섬기지만) 그를 이롭게 하는 것은 우리 부모를 이롭게 함이 아니다. 음악이 아들을 이롭게 하므로 아들을 위하여 그것을 원하는 것은 아들을 사랑하는 것이다. 음악이 아들을 이롭게 하지만 아들을 위하여 그것을 구하는 것은 아들을 (구함)이 아니다.[128)]
>
> (노예) 획을 사랑하는 데에 내재된 사람에 대한 사랑은 획의 이익을 생각하는 데서 나온다. 획의 이익을 생각는 것은 (노예) 장의 이익을 생각하는 것이 아니다. 그러나 장을 사랑하는 데에 포함된 사람에 대한 사랑은 획을 사랑하는 데에 포함된 사람에 대한 사랑이다.[129)]

위의 글에서 후기묵가는 이롭게 한다는 것과 사랑한다는 것의 차이를 말한다. 첫째, 사랑한다는 것은 뭔가 사사로운 감정, 혹은 의도가 있다는

---

127) 전기묵가의 겸상애(兼相愛) 교상리(交相利)의 주장은 단순한 (마음만의) 애(愛)만으로는 불완전하고, (실제로) 리(利)를 주어야 한다는 입장이다. 이러한 규범적 입장은 사실 애(愛)와 리(利)의 분리를 함축하고 있으나, 이 분리가 명백히 표명되지는 않았다.

128) "天之愛人心 薄於聖人之愛人也 其利人也 厚於聖人之利人也 大人之愛小人也 薄於小人之愛大人也 其利小人也 厚於小人之利大人也 以臧爲其親也而愛之 非愛其親也 以臧爲其親也而利之 非利其親也 以樂爲利其子 而爲其子欲之 愛其子也 以樂爲利其子 而爲其子求之 非利其子也"「大取」.

129) "愛獲之愛人也 生於慮獲之利 慮獲之利 非慮臧之利也 而愛臧之愛人也 乃愛獲之愛人也"「大取」.

것이다. 이것은 하늘보다는 성인이, 대인보다는 소인이 더 많다. 그러나 묵가에게 더 중요한 이익은 좀 더 공적이고 실제적인 것이다. 둘째, 이익을 주는 것은 구체적 대상에게 무언가가 직접적으로 주어지는 것인 반면 사랑은 의도만으로도 주어질 수 있다는 것이다. 셋째, 이런 점에서 사랑이 단순히 원하는 것이라면 이익을 줌은 그것을 실제에서 구현하는 것이다. 한마디로 이익은 사랑과 달리 구체적이고, 직접적이고, 단순히 원하는 것이 아니고 실제에서 구해져야 하는 것이다. 어떤 사람을 사랑하는 것만으로는 부족하다. 기본적으로 이익을 줌은 구체적 대상을 향해 가능한 것이고, 반면 사랑은 단지 의도를 통해서도 얼마든지 보편화할 수 있는 것이다. 내가 臧이라는 비천한 노예를 사랑하는 것을 통해서도 인간에 대한 나의 보편적 사랑은 확인될 수 있다. 의도가 중요한 이유를 그들은 다음과 같이 말하였다:

> 부득이해서 원한 것이니, (의도적으로) 원한 것은 아니다. … 어쩔 수 없이 도둑을 죽인 것은 (의도적으로) 도둑을 죽인 것은 아니다.[130)]
> 세상을 구하기 위해 한 사람을 죽이는 것은 세상을 이롭게 하기 위해 한 사람을 죽이는 것이 아니다. 세상을 구하기 위해 자신을 희생하는 것은 세상을 이롭게 하기 위해서 자신을 희생하는 것이다.[131)]

위의 구절은 아마도 묵가가 겸애학설을 옹호하면서도 도둑에 대한 처형을 옹호하는 입장에 대한 변명을 담고 있다. "도둑은 사람이지만, 그러

---

130) "不得已而欲之 非欲之也... 專殺盜 非殺盜也" 「大取」.

131) "殺一人以存天下 非殺一人以利天下也 殺己以存天下 是殺己以利天下" 「大取」.

나 도둑을 죽이는 것은 사람을 죽이는 것이 아니다"라는 그들의 유명한 추론은 바로 의도적이지 않은 죽임은 무고한 사람을 죽이는 것과는 다르다는 그들의 입장에서 가능했던 것이다. 흔히들 말하는 한 사람을 죽여 다수를 살린다는 명제도 받아들이지 않았다. 묵가가 공리주의자가 될 수 없는 이유이다. 그러나 의도의 이런 강조에도 불구하고, 묵가는 미덕이 역시 단순한 의도만으로 성립되지 않는다고 하였다. 그것은 몇몇 미덕에 대한 『묵경』의 정의에서 드러난다:

(경상) 의로움은 이롭게 함이다.

(경설상) 의도는 천하를 취하고, 능력은 그것을 이롭게 할 수 있다. (그러나) 항상 성공하는 것은 아니다.[132]

(경상) 효는 부모를 이롭게 함이다.

(경설상) 의도는 부모를 취하고, 능력은 그들을 이롭게 할 수 있다. (그러나) 항상 성공하는 것은 아니다.[133]

그렇다면 후기묵가의 궁극적 결론은 무엇이었을까? 그들은 어떻게 시공간의 제약을 받는 유한한 개인이 무한한 사람을 다 사랑할 수 있을까라는 문제에 대해, 그것은 의도를 적극적으로 활용함으로써 가능하다고 대답한다. 다시 말해 어떤 사람이 장이라는 노예 한 사람을 사랑하는 것에서도, 우리는 그 사람이 사람을 사랑하지 않고서는 장을 사랑할 수 없다는 점을 지적함으로써, 그 사람이 사람을 사랑한다는 점을 보이고 있다. 그

132) "義 利也"「경상」"義 志以天下爲芬 而能能利之 不必用"「경설상」.

133) "孝 利親也"「경상」"孝 以親爲芬 而能能利親 不必得"「경설상」.

사람이 가진 의도를 통해 그의 사랑이 보편적임을 파악할 수 있다는 것이다. 마찬가지로 도둑을 죽이는 것도 겸애와 충돌되는 것이 아니냐는 추궁에 후기묵가는 역시 의도를 강조하여, 부득이한 죽임은 의도적인 죽임과는 다르고, 또 그에 대한 사랑 (그 사람)을 없애서 천하가 이로와지면 없애지 않을 수 없다[134]고 주장함으로써, 겸애와 사형제도 간의 충돌을 피할 수 있었다. 이러한 의도의 강조는 후기묵가에 이르러, 전기묵가의 기본방향, 즉 이익 내지 성취 강조의 정신을 벗어난 것처럼 보일 수 있으나, 앞서 말한 대로 후기묵가는 의도와 능력의 융합을 통해 미덕을 정리함으로써 나름 균형 잡힌 시각을 유지할 수 있게 된다.

---

134) "不得已而欲之 非欲之也 去其愛而天下利 弗能去也"「大取」.

6. 종교사상 : 천지(天志), 명귀(明鬼)

6. 종교사상 : 천지(天志), 명귀(明鬼)

종교사상이란 무엇인가? 아마도 인간이 접근하기 힘든 초월적 영역에 대한 생각을 의미할 것이다. 묵가의 종교사상이 가지는 양면성은 천의 명령이라는 명에 대해서는 강하게 부정하면서, 천의 뜻이라는 천지에 대해서는 긍정하는 태도에서 발견된다. 상대적으로 유가는 천의 뜻에서 보이는 천의 인격성은 긍정하지 않으면서, 천의 명령에 해당되는 명에 대해서는 존중하는 모습을 보인다. 결론부터 말하자면 이러한 유가와 묵가의 태도는 사실 모순적인 것이 아니고, 그들의 각각의 입장에서는 일관적인 것이다. 천과 명에 대한 그들의 상이한 태도는 유가와 묵가에서 각기 천과 명의 의미가 다르기 때문이다. 묵가에서 천은 인격적 존재지만, 천의 뜻은 자의적이라기보다는 일종의 섭리이다. 천의 뜻은 인간에게 접근불가능한 것이 아니고, 열려져 있는 것이다. 천의 뜻이 자의적이지 않고 예측가능하다는 점은 유가에 의해서도 받아들여지는 것으로, 사실상 묵가가 은대의 인격신 개념을 계승했으면서도, 공자와 같이 인문주의의 길로 나아갔음을 알 수 있는 부분이다.[135] 묵가는 섭리로서의 천지는 존중하면서도, 자칫 운명론을 함축할 수 있는 명의 개념은 받아들일 수가 없었다. 이는 묵가의 합리주의적 측면을 잘 보여주는 태도라고 할 수 있다. 즉, 묵가의 합리성은 비명(非命운명론을 비판함)의 주장을 통해서 인간의 영역을 최대한 확보하려는 시도에 의해서 잘 보여진다. 공자가 귀신이나 천 혹은 명에 대해 적극적으로 언급하지 않고 그것은 그대로 두고 인간이 할 수 있는 일을 찾아서 하려 하였다면, 즉 진인사대천명(盡人事待天命)의 자세를 가졌다면, 묵자는 천이나 귀신, 명에 대해 직접적으로 언급하고, 그것들과 인간과의 상호 교섭을 말한다.

묵가의 종교사상을 알아보기 위해 묵가의 비명사상과 연관이 있는 유가의 천명사상을 알아볼 필요가 있다. 유가는 천명사상이라는 것이 있었다. 천은 자연과 인간 세계에 발생하는 모든 것을 통제하는 존재였다. 왕조의 교체도 천의 명령에 따라 이루어진다고 보았다. 일종의 절대자라고 할 수 있다. 인간이 할 수 있는 것은 이러한 천의 의지나 명령에 순응해서 살아가는 것이었다. 그런데, 어느 순간, 천명은 바로 도덕적인 인간의 행위(혹은 인간의 德)에 의해 정해진다는 생각이 생겨났다. 이것이 바로 주(周)나라 초기에 등장한 천명설이다. 왕조가 교체되는 이유는 전대의 왕조가 부덕했기 때문이고, 또한 새로운 왕조가 덕스러웠기 때문이라는 것이다. 적어도 인간이 자신의 운명에 대해 어느 정도 책임이 있다는 사고가 생긴 것이다. 그런데, 유가는 점차로 단순히 행위자의 덕(德)의 유무에 따라 일의 성공과 실패가 이루어지지 않는다는 것을 인지하게 되었다. '의명분리 (義命分離 도덕과 운명은 분리된다)' '진인사대천명(盡人事待天命 사람의 일을 다하고 일의 성패는 하늘에 맡긴다)' 등의 사상이 유가의

135) 渡邊卓, 『古代中國思想の研究』, (東京 : 創文社, 1977), p.697.

천명관으로 굳어지는 계기이다. 의명분리란 옳음과 천명이 일치하지 않는다는 것이다. 천명에 의해 일의 성패가 결정되므로 결국 옳음/그름과 성/패는 일치하지 않는다는 것이다. 이 의명분리의 사상은 공자에게도 있어서 공자의 의리지변(義利之辨 의로움과 이익이 다름)의 사상을 낳는다. 한마디로 군자는 진인사대천명의 자세를 가져야 한다는 것이었다.

묵가의 비명사상은 유가의 의명분리 사상을 공격한다. 그들에 의하면 유가의 천명사상은 운명론이다. 일의 성패나 결과는 미리 정해져 있기에 인간의 힘으로는 어쩔 수 없다는 체념적 사고 말이다. 묵가는 유가가 세상을 어지럽히는 이유 중 하나를 바로 명(命)에 대한 그들의 체념적 태도 때문이라고 여겼다. 묵가가 생각하기에 유가는 어떤 일의 실패와 성공을 명(命)이나 천(天)에 돌림으로써, 인간의 행위의 효용성에 대해 불신하였다. 물론 묵가는 우리가 아무리 노력해도 어쩔 수 없는 불가피한 부분이 있다는 것을 인정하였지만, 그래서 도덕적 가치가 단순히 결과에 만 있다고 생각하지 않았지만, 그것을 그대로 명(命)이라고 하지 않고, 인간의 노력에 의해 개선할 여지가 있는 방식으로 분석하거나, 혹은 될 수 있으면 명(命)이라는 용어를 쓰지 않으려 하였다.

묵자가 병이 났는데 질비가 와서 물었다. "선생님께서는 귀신은 밝아서 사람에게 화와 복을 내릴 수 있으며 선한 자에게는 상을 주고 선하지 않은 자에게는 벌을 내린다 하셨습니다. 지금 선생님은 성인이신데 어찌하여 병이 나셨습니까? 생각건대 선생님의 말씀이 선하지 않았다는 것입니까? 귀신이 밝게 알지 못한 것입니까?" 묵자가 말하였다. "비록 내게 병이 났다 하더라도 귀신이 어찌 갑자기 밝지 않아졌겠느냐? 사람이 병을 얻게 되는 이유는 여러 가지가 있으니 추위나 더위 때문에 얻는 경우도 있고 수고나 괴로움 때문에 얻는 경우도 있어

백 개의 문 가운데 한 문을 닫았다 하더라도 도적이 어찌 갑자기 들어갈 데가 없겠는가?"[136]

공자가 이성적으로 알 수 없는 그렇지만 절대적 힘을 가진 천의 개념을 가진다면, 묵자에게는 천이나 귀신의 의지와 생각이 인간에게 분명히 이해가 되는 것들이다. 묵가는 유가처럼 사람의 병의 원인을 그저 천(天)이나 명(命)에 속한 것으로 보아, 그저 병을 받아들이는 태도를 보이지 않고, 그 원인들을 나열함으로써 적어도 미래에는 인간의 힘으로 그것들을 극복할 수 있는 길을 터놓았다. 다시 말해 묵자의 천이나 귀신은 인간의지의 투영처럼 보여지는 것이다. 이런 귀신과 천에 대한 태도는 천이나 귀신이 인간에게 통제되는 존재로 전락한 것처럼 보이게 한다. 묵자보다는 공자가 더 종교적이게끔 보이는 부분이다. 공자는 천명이나 사후세계에 거의 관심을 갖지 않았고, 귀신에 대해서는 '공경하지만 멀리 하였고(敬而遠之),' '마굿간에 불이 났을 때, 말에 대해 묻지 않고 사람이 다쳤는지를 물었다(廏焚 子退朝日 傷人乎 不問馬)' 에서 보이는 인문주의자로서의 모습이 있다. 크릴이나 진영첩은 이런 점을 가리켜 공자의 등장을 인문주의의 출현으로 보았다. 그러나 이런 점을 보고, 공자에 종교적 요소가 없다는 것은 공자를 너무 세속적 도덕주의자로 만드는 것이다. 경건성, 성(聖)스러움이 종교의 주된 요소라고 한다면 공자에는 이런 측면들이 있다. 대표적 현대 신유학자인 모종삼은 "서양에서 종교문제는 당연히 고대 유대교

136) "子墨子有疾 跌鼻進而問日 先生以鬼神爲明 能爲禍福 爲善者賞之 爲不善者罰之 今先生 聖人也 何故有疾 意者先生之言有不善乎 鬼神不明知乎 子墨子日 雖使我有病 何遽不明 人之所得於病者多方 有得之寒暑 有得之勞苦 百門而閉一門焉 則盜何遽無從入"「공맹」.

체계 가운데서 파생되어 나오는 기독교와 관련된다. 인도는 힌두교와 불교이다. 중국에는 이와 같은 유형의 종교는 없었지만, 도가와 유가는 모두 종교의 작용을 가지고 있기 때문에 종교라고 부를 수 있다. 왜냐하면 그들이 해결하려고 하는 것은 모두 궁극적 관심이라는 강한 종교성을 가지고 있기 때문이다"[137]라고 하였다. 예컨대, 공자에게는 정치는 마치 경건한 예식을 수행하는 것처럼 해야 하고, 군자는 지천명(知天命 천명을 이해한) 이후에 가능한 것이라고 하였다. 이러한 공자사상의 종교성에도 불구하고 공자를 인문주의자로 본 까닭은 천과 귀신이 공자 때에만 와도 그 미신적 성격이 많이 퇴색되었기 때문이다. 묵가의 천이나 귀신에 대한 믿음의 강조는 이런점에서 여전히 민간에서 통용되었던 고대 천(天) 사상의 회귀를 꾀하였다고 할 수 있다.

그런데 합리적이고 인위를 강조하는 묵가가 어떻게 천이나 귀신에 대한 믿음을 강조하였는가? 흥미롭게도 그 이유는 역시 천과 귀신에 대한 믿음이 백성들에게 이익을 가져온다는 것이다. 묵가는 천과 귀신 특히 귀신 존재를 증명하는데 세가지 검증기준을 들고 나온다. 이른바 삼법(三法) 혹은 삼표(三表)이다. 삼표는 본(本), 원(原), 용(用) 세 가지이다. 각각 역사적 전거, 경험적 증거, 그리고 실용성을 의미한다. 묵가는 옛날의 전적과 성왕의 글에 귀신의 존재를 증언하고 있고, 또 현재 여러 사람들이 귀신을 보았다고 하는 사실을 귀신이 존재한다는 증거로 제시한다. 이것은 삼표의 본과 원에 각각 해당된다. 그러나 역시 가장 강력한 근거는 용이다.

백성들이 난폭하고 반란을 일삼고 도적질을 하며, 무기와 독약과 물과 불로써

137) 牟宗三, 『時代與感受』, 臺北, 鵝湖出版社, 1998年, pp. 400-401.

한길이나 골목길에서 죄 없는 사람들을 가로막고 그들의 수레와 말과 옷가지를 약탈하여 자기의 이익을 추구하는 자들이 한꺼번에 생겨난 것은 이로부터 비롯된다. 이리하여 천하가 어지러워진 것이다. 그렇게 된 까닭은 무엇 때문이겠는가? 곧 모두가 귀신이 있고 없는 분별에 의혹을 지니어, 귀신이 현명한 사람에게는 상을 주고 포악한 자에게는 벌을 내린다는 것을 알지 못하였기 때문이다. 지금 만약 천하의 사람들로 하여금 귀신이 현명한 사람들에게는 상을 주고 포악한 자에게는 벌을 내린다는 것을 믿게 한다면 천하가 어찌 어지러워지겠는가?· · · · 지금 천하의 임금과 대신들과 관리와 군자들이 진실로 천하의 이익을 도모하고 천하의 해를 제거하려 한다면, 마땅히 귀신이 있다는 일을 존중히 여기며 밝히지 않아서는 안 될 것이니, 이것이 성왕의 도인 것이다.[138)]

위 구절에서 귀신의 존재는 천하의 이익에 도움이 된다는 점 즉 그 실용성에 입각해서 주장된다. 천하가 어지러운 이유는 귀신의 존재가 부정되었기 때문이고, 따라서 이런 무질서를 극복하고, 더욱 더 도덕적일 수 있는 방책으로 천과 귀신의 존재가 믿어져야 한다는 것이다. 묵가는 「겸애」편에서 세상의 혼란은 사람들이 차별(別)의 원리에 입각해서 살아가기 때문이고, 따라서 이의 극복으로 '무차별적 사랑(兼愛)' 를 말했다. 그러나 「명귀」편에서 보면 혼란의 원인은 귀신의 존재를 부인하는 것에 있고, 따라서 그 혼란의 극복은 귀신의 존재를 적극적으로 인정하는 것에 있었다.[139)]

---

138) "民之爲淫暴寇亂盜賊 以兵刃毒藥水火 退無罪人乎道路率徑 奪人車馬衣裘以自利者 並作由此始 是以天下亂 此其故何以然也 則皆以疑惑鬼神之有與無之別 不明乎鬼神之能賞賢而罰暴也 今若使天下之人 偕若信鬼神之能賞賢而罰暴也 則夫天下豈亂哉 …… 今天下之王公大人士君子 中實將 欲求興天下之利 除天下之害 當若鬼神之有也 將不可不尊明也 聖王之道也"「명귀하」.

전쟁문제의 해결은 귀신문제에 달려있지만, 묵가가 효과적으로 귀신문제를 해결한 것 같지는 않다. 많은 사람들의 증언, 그리고 고대 성왕들이 귀신에게 제사를 정성껏 지냈다는 사실로 귀신의 존재를 믿게 할 수는 없었을 것이다. 특히 조상에 대한 제사의 의무가 부모에 대한 효라든지 혹은 경제적 손해의 우려와 병존할 수 있겠는가라는 회의주의자의 주장에 대해, 묵가는 설사 귀신의 존재가 없더라도 제사는 제사를 지내는 가족들에게 음식이나 친밀감의 증진이라는 이익을 가져다 줄 것이라고 함으로써, 그저 귀신의 존재를 믿게 하는데 따르는 유용성을 제시할 수 있었을 뿐이다. 물론 적어도 고대의 성인이 그들의 통치의 주요 구성물로 행운을 주는 귀신에 대한 믿음을 포함시켰다는 것도 회의주의자들을 설득할 수 있는 좋은 근거였다.

귀신의 존재에 대한 회의주의자들의 의심을 직접적으로 논박하는 것이 묵가의 의도는 아니었을 수도 있다. 그렇다고 묵자는 귀신이 존재하는 문제에 관심이 없었다거나, 단지 그 존재를 믿는 것의 유용성에만 관심이 있었다고 말하는 것은 지나친 것이다. 다시 말해, 신앙의 실용성만을 가지고서 묵가의 종교사상을 온전히 해명했다고 보기는 힘들 것 같다. 묵가는 먼저 유가가 무신론이면서도 제례의 필요성을 주장한 상황을 비판한다.

> 귀신이 없음을 고집하면서도 제례를 배운다. 이것은 객이 없는데 객례를 배우는 것 같고, 고기가 없는데 그물을 만드는 것 같다.[140)]

---

139) 뒤에서 다루게 될 『묵자』「상동」편에서는 사람들의 다양한 견해가 혼란의 원인으로 지목된다.

140) "執無鬼而學祭禮 是猶無客而學客禮也 是猶無魚而爲魚罟也"「공맹」.

묵가가 순전히 세속의 실용성 방면에서 귀신에 대한 믿음을 강조했다면, 위에서처럼 유가의 태도를 비판하지는 않았을 것이다. 묵가에게 귀신에 대한 믿음은 단순히 더 이익을 많이 준다는 데에 있는 것이 아니었다. 묵가 종교사상의 의의는 묵가가 인간의 합리성에 일정부분 제한을 둔 것으로 이해해야 한다. 사실 묵가는 공자가 보았던 그 당시의 '예(禮)의 폐기'와 묵자가 목도했던 '행운을 주는 귀신의 존재에 대한 회의주의의 출현' 등에서 보이는 회의적 경향의 시기를 살았다. 따라서 묵가가 인간의 비합리성에 대한 통찰을 제시하는 것이 크게 놀라운 것은 아니다. 정치에 영향을 주기위해 이성을 가져오려는 묵자의 철학적 시도는 역설적으로 인간 삶의 불합리한 혹은 비합리적인 면을 고려하고 재긍정하고 있다.

묵가에게서 이런 비합리성의 노정을 통해 우리는 많은 것을 얻을 수 있다. 설사 귀신이 합리적으로 증명될 수 없다고 해도, 전쟁의 파괴성이 완화될 수 있는 길을 보여주었고, 또한 묵자의 목적은 침략전쟁과 그로 인한 세계의 모든 해악을 일소할 수 있는 해결책을 제시하는 것에 있지 않았으며, 차라리 인간 문제의 근본적인 본질과 특성을 가르치고 그것들을 다룰 수 있는 방법을 제안한 것이라고 할 수 있다. 그래서 그는 인간 삶의 불합리한 면과 비합리적인 면을 이해하고, 그것을 자기 인간학에 가져와서 재긍정하였던 것이다.

물론 우리는 묵가가 맹자와 같이 우리가 안다고 해도 행위로 나아가기 위해서 극복해야 할 부분이 있다고 믿었음을 주장하는 것이 아니다. 묵가는 틀림없이 우리가 안다면 바로 행동한다고 믿었다. 묵가를 주지주의자 혹은 의지주의자로 볼 수 있는 부분이다. 그렇지만 대부분의 사람들에게, 아니 모든 사람들에게 앎은 성취될 수 없는 것이다. 그것은 천에게만 가능한 영역이다. 묵가는 만약 인간이 천의 영역에 있는 앎을 가지게 된다면 틀림없이 그는 행동할 것이라고 믿었다. 그렇지만 모든 사람은 오류의 가능성이 있고, 그리하여 우리에게는 천이나 천의 권위에 기댄 통치자에게 무조건 따르겠다는 태도가 필요한 것이다. 이런 태도가 인간이 가진 한계 때문에 필요한 것이고, 인간에게 있는 비합리적 부분이다. 비합리성은 합리성이 결여될 때를 가리키는 것이지, 별도의 부분에 속한 것이 아니다.

그러나 귀신을 통한 정당한 전쟁(誅伐) 의 인정은 오용의 가능성도 열어놓을 수 있다. 누구나 자신의 전쟁이 정당하다고 할 수 있고, 이 과정에서 귀신을 이용할 수 있기 때문이다. 그러나 묵자는 단지 종교적 수사학으로만 그들의 행동을 옹호하지 않았다. 제사 의식과 관습에 참여하고 그것이 잘 진행되게끔 하려 하였다. 종교에 공적으로 관찰가능한 헌신을 나름으로는 했던 것이다. 또한 백성을 잘 보살핌을 정당한 전쟁의 기준으로 삼았기에, 나름으로는 '정당한 전쟁' 의 오용가능성을 줄이려 했다. 천이나 귀신의 존재가 이런 역할을 할 수 있는 이유는 아마도 묵가의 소극적 인간관에 있을 것이다. 묵가는 인간 존재가 자발적으로 모든 것을 처리할 수 있다고 보지 않은 듯하다. 도덕적 행위를 유도하기 위해서는 어느 정도의 강제가 필요한데, 이것은 천과 귀신의 권위를 빌려와야 하는 이유였다. 이런 이유로 묵가는 늘 옳음을 천의 의지로부터 오는 것이라고 했다. 절대적 권위로서의 천지는 분명히 위로부터 아래로 적용된다고 한다.

> 하늘의 뜻이란 의(義)의 중심이다.[141]
>
> 하늘의 뜻은 큰 나라가 작은 나라를 공격하기 바라지 않으며, 큰 집안이 작은 집안을 어지럽히기를 바라지 않는다.[142]

---

141) "天志者 義之經也" 「천지하」.

하늘의 뜻은 · · · · 사람들이 힘이 있으면 서로 도와주고, 바른 도를 알면 서로 가르쳐 주고, 재물이 있으면 서로 나누어 주기를 바란다. 또 윗사람은 부지런히 정치에 힘쓰고 아랫 사람은 부지런히 일에 종사하기를 바란다.[143)]

그런데, 문제는 어떻게 위로부터 하나의 지침이 정해질 수 있는가이다. 어떤 하늘의 계시를 통해 천지가 전달되지는 않을 것이다. 아래의 다양한 이해관계로부터, 그 이해관계의 조정단계를 거쳐 하나의 뜻이 정해지는 것이 아닌가 의심된다.[144)]

그런데, 비록 천지의 뜻이 절대적인 것이라고 해도, 이것은 얼마든지 어겨질 수 있다. 하늘은 천지의 뜻을 어긴 사람에게 바로 징벌을 내리지 않는다. 천지는 다만 어떤 신호를 보냄으로써, 사람들을 통제하려 할 뿐이다. 여기서 인간의 영역에 단지 신호만 보내는 천의 역할을 인지한 묵가는 좀 더 효과적으로 사람들을 통제하기 위하여 국가 공동체를 생각한다.

---

142) "天之意 不欲大國之攻小國也 大家之亂小家也" 「천지중」.

143) "天之意 ……欲人之有力相營 有道相敎 有財相分也 又欲上之强聽治也 下之强從事也" 「천지중」.

144) 사실 이점이 즉 천이나 도로 표시되는 절대적 권위 혹은 이상적 질서에 대한 진입장벽이 다른 학파보다 낮기에, 묵가에게서 민주주의의 싹을 찾으려는 시도가 있게 된다.

7. 국가론 : 상동(尙同)

7. 국가론 : 상동(尙同)[145)]

『묵자』의 〈상동〉에는 국가의 기원에 관한 다음과 같은 매우 흥미 있는 이야기가 나온다.

> 묵자가 말하였다. 옛날 백성들이 처음으로 생겨나 법과 정치가 있지 않았을 적에는 대개 그들의 말은 사람마다 의(義)가 달랐다. 그래서 한 사람이면 하나의 의(義)가 있었고, 두 사람이면 곧 두 개의 의(義)가 있었으며, 열 사람이면 곧 열 개의 의(義)가 있었고, 그 사람들이 많아지면 그들이 말하는 의(義)도 역시 많았다. 그리하여 사람들은 자신의 의(義)를 옳다고 하면서 남의 의(義)는 비난하였으니 사람들은 서로 비난하게 되었다. 그래서 안으로는 부자나 형제들이 서로 원망하고 미워하게 되어 흩어지고 떨어져나가 서로 화합하지 못하였다. 천하의 백성들은 모두가 물과 불과 독약으로 서로 해치며, 남는 힘이 있다 하더라도 서로 도와주지 못하고, 남아돌아 썩어빠지는 재물이 있어도 서로 나누어 갖지

145) 이 글은 *Journal of Chinese Philosophy* (Vol., 35, Willey - Blackwell Publishing, 2008)에 실린 글을 수정 보완한 것이다.

> 않으며, 훌륭한 도를 지닌 이들은 숨어서 서로 가르쳐 주지를 않기에 이른다. 따라서 천하의 혼란은 마치 새나 짐승들만 있는 것 같았다. 천하가 혼란해지는 까닭을 살펴보면 그것은 지도자가 없는 데서 생겨난다. 그러므로 천하의 현명하고 훌륭한 사람을 세워 천자로 삼는다.[146)]

이 구절은 묵가가 다른 제자백가의 철학자들처럼 그들의 사회가 혼란에 빠져 있으며, 이 혼란에 빠진 사회를 구할 방법을 찾았다는 점을 보여준다. 나아가 특별히 그들은 사람들의 다양한 견해가 사회혼란의 원인이므로 그것들을 통합시켜서 사회의 혼란을 극복하려 하였음을 보여준다. 많은 학자들은 이 구절이 토마스 홉스의 사회계약설을 상기시킨다는 점 때문에 관심을 가져왔다. 홉스는 개별 인간들이 자신의 이기심에 따라 행동을 하며, 이런 이기심과 제한된 자원은 개별 인간들 상호 간의 전쟁을 피할 수 없게 만든다고 생각했다. 홉스는 그들 사이의 이런 전쟁상태를 피하기 위해 절대군주(리바이어던)를 세우기로 상호 계약을 맺었다고 주장하였다. 홉스의 이런 이론은 이기적인 개인들 간의 계약으로 국가의 기원을 설명하는 것이다. 사실 양유형(楊幼炯)과 같은 학자들은 묵가와 홉스의 정치이론의 이러한 유사성을 들어 묵가가 사회계약이나 보통선거의 이념을 가지고 있었다고 주장하기도 하였다.[147)] 그러나 이런 묵가 해석은 심각한 반발을 불러일으켰다. 특별히 소공권은 고대 중국에는 보통 선거

---

146) "子墨子言日 古者民始生 未有刑政之時 蓋其語 人異義 是以一人則一義 二人則二義 十人則十義 其人茲衆 其所謂義者亦茲衆 是以人是其義 以非人之義 故交相非也 是以內者父子 兄弟作怨惡 離散不能相和合 天下之百姓 皆以水火 毒藥相虧害 至有餘力 不能以相勞 腐朽餘財 不以相分 隱匿良道 不以相教 天下之亂 若禽獸然 夫明虖天下之所以亂者 生於無政長 是故選天下之賢可者 立以爲天子"「상동상」.

147) 楊幼炯, 『中國正治思想史』, (대북 : 대만상무인서관, 1989), p.122-123.

의 개념이 없었기에 묵가가 그런 체계를 생각했다고 말할 수는 없다고 하였다. 만약 그런 체계가 묵가에 의해 그 당시 생각되었더라면, 묵가는 그것을 좀 더 자세히 다루었을 것이며, 그렇게 쉽게 간과하지 않았을 것이라고 부연 하였다.[148] 즉, 묵가에 그런 요소가 있었다면, 그들은 틀림없이 어느 정도까지 그런 생각을 발전시켰을 것이라는 것이다. 이택후 또한 비슷한 견해를 내세웠다. 그는 묵가의 정치사상을 '근대적 의미에서의 동등한 개인들 간의 계약의 원리 위에서가 아니라, 모든 개인은 인격신을 따라야 한다는 믿음위에서 세워진 것'[149]으로 간주하였다. 틀림없이 묵가는 근대적 의미에서의 개인주의일 수 없다. 왜냐하면 양도할 수 없는 인권, 개별적 존엄성 및 자율 등등과 같은 근대 개인주의의 기본적 개념들은 묵가에서 발견되지 않기 때문이다. 달리 말하면 적어도 묵가 정치사상은 근대 서구 민주주의와 같이 개별 실체의 이론에 기초하지 않았던 것 같다.

그러나 개인들은 비록 실체로 간주되지는 않았지만 적어도 묵가 정치사상에 있어서의 출발점이었다. 기술자 계층에서 유래하는 묵가는 백성들의 요구사항에 매우 민감하였고, 가능한 한 그들을 보호하려고 노력했다. 고대 중국의 철학자들 사이에서 묵가는 아마도 국가의 이해와 대비되는 개인 혹은 계급의 이해에 대해 말했던 첫 번째 사람들이었다.[150] 물론 우리는 묵자의 의(義)가 순전히 개인의 이익 혹은 이해를 나타낸다고 생

---

148) Xiao Gong-quan, *A History of Chinese Political Thought* (Princeton : Princeton University Press, 1979), p.240.

149) 리쩌허우, 『중국고대사상사론』, 정병석 옮김 (서울 : 한길사, 2005), p.153.

150) 법가와 마찬가지로 묵가는 전체주의적 측면을 가지고 있지만, 그럼에도 소수의 이익을 생각함으로써, 혹은 개인들의 합이 전체라고 생각함으로써 법가와는 다른 길을 간 것 같다. 앞장에서 보았듯이, 무고한 사람을 해쳐가면서까지 공동체의 이익을 추구하려 하지는 않았다.

각하지 않는다. 앞서의 인용문에서 묵가는 가설적인 자연 상태 하에서의 백성을 이야기 하면서, 한사람이 있으면, 하나의 의(義)가 있고, 두 사람이 있으면 두 개의 의(義)가, 열사람이 있으면 열 개의 의(義)가 있어서 각자가 자신의 고유한 의(義)를 따르고, 또한 각자는 자신들의 의(義)는 옳다고 하고, 다른 사람의 의(義)는 그르다고 한다고 하였다. 이것은 묵가의 의(義)가 단순히 주관적인 것을 의미하지 않고, 객관성, 절대성을 지향한다는 점을 보여준다.[151] 우리는 분명히 옳고 그름의 평가를 수반하는 의(義)가 단순히 상대적 성격을 띤 개인의 이익이 아니라, 어떤 공적이고 객관적 기준을 지향하는 가치판단일 것이라고 본다.[152] 물론 묵가는 자연 상태에서의 인간의 의(義)는 아직 충분히 공적이고 객관적이지 않다고 보았다. 지도자를 통한 하나의 의로의 통일이 바로 이런 충분히 공적이고 객관적인 기준을 만드는 일이다. 묵가에서 공적이고, 객관적인 기준이 겸애임을 상기하면, 「상동」편의 지도자와 국가에 의한 하나의 의의 형성은 겸애를 구현할 장치로 국가의 강제력을 생각했음을 알 수 있다. 여하튼 묵가는 개인들의 도덕성이 국가 공동체의 요구와 잘 부합할 수 없다는 점을 지적했다는 점에서 동아시아 전통에서는 처음으로 인간의 정치 영역을 끄집어 내었다고 말할 수 있다. 이 점에서 우리는 '묵가가 유가나 도가와는 달리 질서가 가정된 세계관을 갖지 않았고, 따라서 그들은 세계를 혼동된 개인들로 이루어진 것으로 생각했다'[153]는 슈월츠(Benjamin Schwartz)의 이

151) 프레이저가 보기에 이것은 두 가지 중요한 함축을 가진다: 첫째, 사람들은 그들의 고유한 義가 옳기에 다른 義는 잘못이고, 오류라고 받아들이는 것 같다. 둘째, 사람들은 또한 그들이 義라고 생각하는 것을 하도록 동기부여 된다. Chris Fraser, Moism and Self-Interest, *Journal of Chinese Philosophy*, 35/3, 2008, p.441.

152) 이점에서 별애를 하기 때문에 혼란이 왔다는 「겸애」 편의 내용과 사람들이 다른 의(義)를 가지고 있었기에 혼란이 왔다는 「상동」편의 내용은 다르다고 할 수 있다. 전자는 사람들의 이기성에 주목한 것이지만, 후자는 그렇지 않다.

야기를 더 잘 이해할 수 있다.

정치 제도가 어떻게 자연상태로부터 출현했는지를 설명하고 나서, 묵자는 그 제도의 작동원리를 윗사람과의 의견일치로 보았다.

> 윗사람이 옳다고 여기는 것은 반드시 모두가 그것을 옳다고 여기며, 그르다고 여기는 것은 반드시 모두가 그것을 그르다고 여겨야 한다 · · · · 윗사람과 함께하면서 아랫사람끼리 어울리지 않는 사람은 곧 윗사람이 상줄 사람이며, 아랫사람들이 칭찬할 사람인 것이다.[154)]
>
> 의로움이란 어리석고도 천한 자들로부터 나오지 아니하고 반드시 귀하고도 지혜있는 사람들로부터 나온다.[155)]

이 구절들은 묵가가 아랫사람이 윗사람에게 무조건 복종하는 전제주의 체계를 지지하는 것으로 여겨진다. 묵가의 종교와 국가에 대한 견해가 겸애의 이상을 실현하는데 있어서 도구로 쓰였을 것이라는 점에 비추이 보면, 묵가의 국가에 대한 견해가 전제주의 내지 권위주의에 기반해 있을 것이라는 점은 충분히 자연스럽다. 앞서 잠깐 언급했듯이 묵가는 진나라 문공과, 월나라 왕 구천이 그들의 권위를 이용하여 그 아래 사람으로 하여금 죽음을 두려워하지 않고 명령을 따르게 했던 예를 들어, 겸애의 실행에 임금의 권위를 이용할 것을 주장하였다.[156)] 틀림없이 묵가의 정치나 종교관

---

153) Benjamin Schwartz, *The World of Thought in Ancient China*, Cambridge: Belknap Press, 1985.

154) "上之所是 必皆是之 所非 必皆非之.... 上同而不下比者 此上之所賞 而下之所譽也".

155) "義不從愚且賤者出 必自貴且知者出" 「천지중」.

156) 「겸애중」「겸애하」 참조.

에는 이런 권위주의적 측면이 있다. 그러나 이것이 다는 아니다.

저명한 중국학자 그레이엄(A. C. Graham)에 따르면, 묵가의 초기 입장에서의 상동은 바로 자기 상관에 복종하는 것이 아니라, 자기 상관 위의 상관에 복종하는 것이다. 예컨대, 마을의 사람들은 그 마을 이장에게 복종하는 것이 아니라, 이장 바로 위의 상관인 향장에게 복종하고, 향리의 백성들은 향장에게 복종하는 것이 아니라, 그 위의 상관인 임금에게 복종하는 것이다. 그리하여 천하의 백성들이 복종해야 하는 대상은 천자가 아니라 천이 된다. 묵가는 바로 이런 장치를 통해 천자의 임의적 통치에 대한 견제를 하였다는 것이다.[157] 물론 이 경우에 천과 같은 종교적 개념은 대개 왕의 절대권력을 정당화 혹은 강화하기 위해서 도입된 것이 아니므로, 그렇다면 묵가의 상동개념이나 천의 개념만으로는 묵가가 전제주의로 해석되지 않는다고 볼 수도 있다. 특히 묵자의 천이란 왕의 오용된 권력이 보고되어지는 곳이고, 또 그런 오용된 권력을 교정하는 존재로 묘사되는 사실을 인지할 필요가 있다. 천이 만약 이렇다면 그것은 군주의 절대권력을 정당화하기 위한 기제만이 아니라, 군주의 절대권력을 제어할 기제도 될 수 있음을 인정할 수 있다.[158] 이런 점에서 묵자의 정치사상은 백성의 뜻이 하늘의 뜻이라는 중국 고대의 맹자식의 민본주의 사상으로 해석될 여지가 많다. 다시 말해 묵자는 맹자와 더불어 민본주의 사상을 주장했던 대표적 사상가였다고 할 수 있다. 담풍뢰는 이러한 주장을 한 학자들 중의 하나다. 그에 의하면 묵가의 상동과 천지는 윗사람에 대한 무조건적 복종

157) 실제로 「상동중」과 「상동하」와는 달리 「상동상」은 이런 구조를 가지고 있다.

158) 함재학은 유가의 이런 측면을 유가 입헌주의라고 명명하였다. cf. Hahm Chaihark, "Constitutionalism, Confucian Civic Virtue, and Ritual Propriety", in *Confucianism for the Modern World*, ed. by Daniel A. Bell and Hahm Chaibong, pp. 31-53. New York: Cambridge University Press, 2003.

을 말하지 않는다. 그는 특별히 백성이 따르는 천자는 항상 천지에 종속되기에 전제군주가 될 수 없다고 하였다. 천자는 항상 백성들의 요구사항을 고려하여, 백성의 뜻을 대변하려고 노력해야 한다. 묵가의 상동과 천지의 교설은 이 점에서 민본주의의 이념을 포함한다. 그러나 이런 민본주의의 관념은 고대 중국에서 묵가에 의해서만 지지되었던 것이 아니다. 맹자도 이미 유사한 사고를 표현하였다. 묵가의 사상은 대체로 맹자에 앞서지만, 『묵자』의 「상동」편이 반드시 『맹자』보다 더 앞섰다고 말할 수 없다. 다시 말해, 맹자의 정치사상이 묵가의 정치사상에 영향을 주었을 수도 있었을 것이다.[159)]

설사 묵자의 사상을 민본주의 사상의 효시로 인정한다 하더라도 문제가 다 해결되는 것은 아니다. 민주주의와 민본주의의 관련성에 의심을 가질 수 있기 때문이다. 민주주의와 관련하여 맹자의 이론을 선호하는 소공권은 비슷한 우려를 다음과 같이 표현했다.

> 그렇다고 하더라도 맹자의 민본주의 사상은 근대의 민주주의 사상과는 다르며 양자가 혼동되어서는 안 된다. 간단히 말하면, 민주주의 사상은 '인민을 위한' '인민의' '인민에 의한' 의 세 관념을 반드시 포함한다. 왜냐하면 인민은 정치의 목적과 국가의 주체가 동시에 되어야 할 뿐 아니라, 국정에 자발적으로 참여하는 권리를 반드시 가져야 하기 때문이다. 이와 비교할 때, 맹자의 민본주의는 '인민을 위한' 에서 시작하여 '인민의' 에 이르려는 것에 불과하다. 그는 '인민에 의한' 의 원칙과 제도에 대해서는 듣지 못했던 것이다. 그렇기 때문에 맹자

159) 묵가는 왕에 의한 (by) 권력 행사 차원에서는 패권주의적이지만, 왕을 위한 (for) 권력 행사를 지향하지 않는 점에서 법가와는 달리 반패권주의라 할 수 있다.

의 사상 가운데 민의라는 것은 피동적으로만 표현될 수 있는 것이고, 정치권력은 전적으로 정신노동의 지배계급에 의해서 행사되었다.[160)]

소공권의 생각은 맹자의 이론이 근대 민주주의와 비교했을 때 '인민에 의한' 의 원칙과 그것을 실현할 수 있게끔 하는 제도가 없었기 때문에 불충분한 것이었다는 것이다. 원칙과 제도의 부재는 그것들이 '인민을 위한' 과 '인민의' 라는 다른 원칙들을 실현화 시킬 수 있는 적절한 수단들을 제공할 수 없기에 매우 치명적 약점인 듯하다. 비록 내가 무엇이 '인민에 의한' 의 원칙인지 또 무엇이 '인민을 위한' 과 '인민의' 원칙들을 실현화 시킬 수 있는 제도인지에 대해 소공권의 입장에 동의하는 것은 아니지만,[161)] '인민에 의한' 의 원칙이 없는 '인민을 위한' 과 '인민의' 의 원칙들은 지도층의 사람들에게 오용될 수 있다는 주장은 들을 만한 가치가 있다고 본다. 왜냐하면 어떤 이상이던지 그것이 적절하게 추구되지 않는다면 힘이 있는 사람들에 의해 잘못 운용될 수 있기 때문이다.

나오아키 히라이시(平石直昭)는 같은 점을 지적한다.

맹자의 민본주의는 민주주의를 의미할 수 없다. 이것은 혁명의 주된 그룹이 인

---

160) Xiao Gong-quan, *History of Chinese Political Thought*, (Princeton : Princeton University Press, 1979), p.161.

161) 여기서는 단순히 절차적 민주주의 즉 투표와 같은 것만을 민주주의의 핵심으로 삼으려는 시도에 대해 어떤 정체적 민주주의의 중요성을 강조하려 한다. 묵가에는 정체적 민주주의의 개념이 풍부하고, 사실 이를 해소할 방법도 가지고 있었다. 또한 개인주의와 계약적 민주주의 사상이 있었다. 이런 차원에서 나는 이 책에서 묵가의 민본주의를 일종의 민주주의로 보려고 한다. 이승만은 사실 부정선거 및 자유주의 억압 등의 행태를 보였으나, 그가 자유주의 체제를 옹호하여 대한민국을 건설한 것은 정체적 민주주의의 측면에서 매우 의미가 있었다.

민이 아니라, 구체제의 영향력 있는 사람들이고, 투표, 의회, 인민공회와 같이 인민의 뜻을 표현할 수 있는 모든 제도가 부재한다는 사실들에 의해 잘 알려진다. 틀림없이 '인민의 복지를 위해서' 와 '인민을 위한' 의 원칙들이 말해진다. 하지만 어떤 정책이 인민을 위한 것인지를 결정하는 것은 군주이고, '인민에 의한' 의 개념은 전혀 존재하지 않았다. 이것은 하늘로부터 천명을 받은 군주가 인민의 스승, 어버이, 도덕 교육가로 동시에 여겨졌다는 점과 관계가 있다. 그러므로 이른바 가부장적인 온정주의가 민본주의 이론과 공존하고 있다.[162]

곽말약도 민본주의와 민주주의의 연관성을 부인한다. 곽말약은 민본주의의 약점을 인지 하였다. 말하자면 비록 천의 뜻이 백성의 뜻이라고 주장되더라도, 백성들에게 그들의 뜻이 표현될 수단이 제공되지 않는다면, 그것은 곧 왕의 뜻이 되어버릴 수 있다. 곽말약은 절대왕정이 통치의 효과적 형태로 제시되는 상황에서, 천지는 실제로는 왕의 뜻을 가리킬 것이라고 하였다. 그에 따르면 천은 단지 왕의 권위를 신성화 내지 절대화하기 위해서 도입되었다. 그는 묵가를 전제주의 혹은 독재주의를 옹호하는 것으로 보았다. 그러므로 묵가는 인도주의나 공리주의를 함유하지 않는다는 것이다. 묵가에서는 단지 왕의 이기주의만이 발견된다. 이 점에서 묵가의 겸애, 비공은 보편적 사랑이나 평화를 말하는 것이 아니다. 오히려 그것들은 부정적 의미에서의 차별과 공격을 제안한다. 비악, 절용, 절장 등도 흔히 생각하는 인도주의의 관점이 아니라, 사람을 오직 소유로만 생각하는 왕의 이기주의의 관점에서 해석되어진다. 이와 같은 묵가의 입장은 유가의 분권화나, 맹자의 민주주의 관념들과 뚜렷이 구분된다. 곽말약의 해석에

162) 김형효, 『민본주의를 넘어서』(서울: 청계, 2002), 294-95쪽에서 재인용.

따르면 묵가는 법가식 독재주의의 선구로 말해질 수 있다. 묵가에 대한 이 부정적 평가는 묵가의 이기적 인간개념과도 잘 어울리기에 설득력 있게 받아들여져 왔다. 민본주의를 강조한 해석이 묵가이론을 공리주의적 관점에서 접근하지만, 묵가를 전제주의로 보는 관점은 묵가를 이기주의 관점에서 접근한다.

나는 적어도 두 가지 점에서 묵가가 곽말약이 생각했던 의미의 전제주의나 독재주의가 아니라고 생각한다. 물론 이기주의적 요소가 묵가에 있는 것이 사실이고, 또 제어장치가 없는 민본주의가 쉽게 오용될 수 있다는 주장에는 동의한다. 그러나 묵가의 절용사상을 다루는 곳에서 살펴보았듯이 묵가는 이기주의보다는 공리주의 아니 더 나아가서 보편주의와 구체적 실용주의로 해석될 여지가 더 많고, 또 묵가에는 맹자보다도 더 민본주의의 이념을 실현시킬 수 있는 적절한 수단이 있다고 보기 때문이다.[163] 묵가의 정치체계는 권위주의가 핵심적이지만, 또한 권위의 합리성도 간과할 수 없다. 여기서는 간단히 천지의 보편성을 살펴보고, 민의를 확보할 수단으로서의 변의 기술에 대해 잠시 기술한다.

a. 보편주의

묵가의 정치사상은 천지를 개인의 뜻 즉 왕의 뜻과 동일시 할 수 없기에 민본주의의 요소를 포함한다. 천지가 왕의 뜻을 가리키지 않는 다는 것은

---

163) 그러나 묵가의 민주주의가 맹자보다 더 민주적인지는 논란의 여지가 있다. 예컨대, 소공권 같은 학자들이 주장하듯이, 묵가의 정치이론에는 '폭군을 죽일 권리' 에 대한 이야기가 없었기에, 이런 점에서는 맹자 정치이론에 비해 불충분하다고 생각할 수 있다. Cf. Xiao Gong-quan, *History of Chinese Political Thought,* (Princeton : Princeton University Press, 1979), p.239.

아랫사람과 윗사람이 상이한 견해를 가질 수 있고, 아랫사람이 항상 통합된 견해를 내기위해 그들의 견해를 바꾸는 것이 아니라는 사실들에서 알 수 있다.[164]

> 윗사람이 어떤 잘못을 저지르면 아랫 사람은 그것을 바르게 간하여 주며....[165]
> (위아래의 뜻이 같지 않다면) 윗사람이 상주는 사람에 대하여 인민들은 그를 비난하게 될 것이다 · · · · 윗사람이 벌주려는 사람에 대하여 인민들은 칭찬을 하게 될 것이다.[166]

묵자가 위 구절에서 말하려는 것은 윗사람으로의 복종이 아니라 윗사람과 아랫 사람 간의 의견 통일이다. 군주의 생각이 절대적으로 받아들여졌다면 군주의 생각은 '한사람이 그 자신의 고유한 생각들을 가지고 있는' 것에 불과했을 것이다. 왜 묵가는 통합된 의견을 강조했는가? 내가 보기에 그것이 인간을 동물의 상태로부터 빠져나오게 하는 것이었기 때문이다. 달리 말하면, 통합된 관념은 인간과 동물을 구분 짓는다. 묵가에게는 오직 인간만이 통합된 의견을 가질 수 있고, 따라서 자연 상태로부터 국가 상태를 창조할 수 있다. 통합된 의견은 홉스의 리바이어던이나 루소

---

164) 브린들리(Erica Brindley)는 "Human Agency and the Ideal of Shang Tong (upward conformity) in early Mohist Writings" in *Journal of Chinese Philosophy* 34 (3):409-425에서 묵가의 「상동」편을 중심으로 상동과 개인의 통제 간의 모순적 상황을 조화시키려 한다. 상동은 권위적으로 읽어서는 안 되고, 자율적 개인이 (단지 천자만이 아니고, 하층민들도 포함해서) 자신의 지적 능력이나 사회정치적 지위에 관계없이 최선의 노력 (지성의 측면이 강조)을 발휘함으로써 정의를 찾는데 동참한다. 이러한 사실은 지도자가 의(義)를 동일화시키는 판단 과정에 있어서 백성들의 의견을 반영하며, 백성들이 상동을 하면서도 윗사람의 잘못을 파악할 수 있다는 점에서 확인된다.

165) "上有過則規諫之" 「상동상」.

166) "上之所賞 則衆之所非 ……上之所罰 則衆之所譽" 「상동중」.

의 '일반의지(general will)' 에 비견될 수 있다. 묵가의 통합의견과 루소의 일반의지의 유사성은 두 사람 다 보편성뿐만 아니라 효용성을 강조한다는 사실로부터 확인될 수 있다. 유가의 공론(公論)에 비견해서 루소의 일반의지와 묵가의 통합된 의견은 효용성의 원칙에 기초하기에 좀더 구체적이고 좀 더 실천적일 수 있다.

천지 혹은 통합된 의견은 어떤 제도의 법 혹은 기준이다. 그것은 우리로 하여금 옳거나 그르다고 판단하게 하는 것이다. 따라서 그것은 묵경의 "그것과 유사해서 어떤 것이 그렇다고 하게 되는 것(法所若而然也)" 으로 정의된다.

> 천지는 바퀴 만드는 사람에게 컴퍼스와 같고, 목수에게 굽은 자와 같다.167)

같은 방식으로 묵자는 천지를 위로는 군주와 신하들의 정부를, 아래로는 백성들의 말과 글을 마름질 하기 위해 천지를 사용한다. 묵자는 그들의 행동을 관찰해서 그것들이 천지를 따르면 좋은 행위라고 하고, 천지를 거스리면 악한 행위라 한다. 그는 그들의 말을 살펴 그것들이 천지를 따르면 좋은 말이라고 하고, 천지를 거스리면 나쁜 말이라 한다. 그는 그들의 정부를 관찰해서 그것들이 천지를 따르면 좋은 정부라고 하고, 천지를 거스리면 나쁜 정부라고 한다.168)

---

167) "有天之 辟人無以異乎輪人之有規 匠人之有矩也" 「천지중」.

168) 「천지중」 참조.

b. 천지를 확보할 방법으로서의 변

물론 우리가 천지의 보편성 혹은 기준으로서의 천지를 아무리 강조하더라도 묵가가 왕의 의지와 구분되는 천지를 확보할 수단을 갖고 있었음을 증명하지 못하면 우리는 곽말약을 설득할 수 없을 것이다. 내가 보기에 묵가는 틀림없이 그것을 가지고 있었다. 그것은 '대안들 가운데에서 옳은 것을 정할 수 있는 기술' 인 변(辯)이다. 이것은 바로 적절한 기준을 제공하는 기술이다.

변의 과정이 어떻게 진행되는지를 보이기 전에 우리는 묵가가 처음부터 통합된 의견은 위로부터의 지시를 통하지 않고, 대중의 의견들을 모으는 과정을 통해 이루어진다는 것을 믿었음을 기억해야 한다. 왕은 결코 신적인 존재가 아니기에 그는 국가를 다스리기 위해 백성들의 지혜와 그를 도와줄 힘을 끌어들일 필요가 있었다.

> 천자가 만들어지자 천자는 그의 힘이 충분치 않다고 느꼈고 그래서 세상의 가장 덕 있는 사람을 뽑아 삼경을 삼았다. 천자와 삼경이 세워지자, 세상이 넓어서 먼 곳의 백성들의 시비와 손익의 문제를 다루기에 어려움이 있음을 알고, 그들은 세상을 여러 제후국으로 나누고 그곳에 제후들을 세웠다. 제후들이 세워지자 그들은 그들의 힘이 충분치 않음을 알고, 그 제후국 안에서 덕 있는 사람을 뽑아 관리로 삼았다 · · · · 이제 어떻게 세상에 질서가 세워졌는가? 천자가 세상의 의(義)를 통일시킬 수 있었기에 질서가 생겼다.[169)]

---

169) "天子立　以其力爲未足　又選擇天下之賢可者　置立之以爲三公　天子三公旣以立　以天下爲博大　遠國異土之民是非利害之辯　不可一二而明知　故畫分萬國　立諸侯國君　諸侯國君旣已立　以其力爲未足　又選擇其國之賢可者　置立之以爲正長　…… 察天子之所以治者何也　天子唯能壹同天子之義　是以天下治也"「상동상」.

어떻게 천자가 천하의 다양한 관념들을 통합시킬 수 있는지를 보여줬던 사람들이 후기 묵가였다. 후기 묵가는 광범위하게 연구해서 마침내 대안들 중에서 옳은 것을 선택하는 적절한 과정 즉 변의 기술을 발견했다. 그들에게 참된 변은 충돌하는 주장들 가운데에서 옳은 주장을 결정하는 것이어야만 하고, 따라서 둘 다 참일 수 없는 대안들 가운데에서 다투는 것이어야 했다. 그러므로 그들은 말하기를 '한 사람이 소라고 하고 다른 사람은 소가 아니다라고 하는 상황에서 결정하는 것이 변이고, 한 사람이 개라고 하고 다른 사람은 소라고 하던지 혹은 한 사람은 개라고 하고, 다른 사람은 강아지라고 부르는 상황에서 결정하는 것은 변이 아니다라고 하였다. 후자의 경우들은 상충하는 의견들이 둘 다 거짓이거나 둘 다 참일 수 있기 때문이다.

이제 묵가가 실제로 변의 기술을 어떻게 사용했는지 살펴보자. 묵가 당시에 도둑을 처형시키는 제도를 유지해야만 하는가에 대한 논쟁이 있었다. 도둑을 처형시키는 것은 묵가의 겸애 원칙과 충돌될 수 있었다. 묵가는 변의 기술을 사용해서 다음과 같이 그 역설을 해결했다:

> 도둑은 사람이지만 도둑이 많은 것은 사람이 많은 것이 아니다. 도둑이 없는 것은 사람이 없는 것이 아니다. 이것을 어떻게 분명히 할 수 있을까? 도둑이 많음을 싫어하는 것은 사람이 많음을 싫어하는 것이 아니다. 도둑이 없기를 바라는 것은 사람이 없기를 바라는 것이 아니다. 온 세상이 이것들이 옳다고 인정한다. 그렇다면 비록 도둑이 사람이지만 도둑을 사랑하는 것은 사람을 사랑하는 것이 아니고, 도둑을 사랑하지 않는 것이 사람을 사랑하지 않는 것이 아니고, 도둑을 죽이는 것은 사람을 죽이는 것이 아님을 받아들이는 데에 큰 어려움이 없다.[170]

후기묵가는 그들의 겸애의 원칙을 포기함이 없이 '도둑을 죽이는 것이 사람을 죽이는 것이 아니다' 라는 주장을 정당화하기를 원했다. 그런 의도로 그들은 도둑을 죽이는 것이 사람을 죽이는 것이라고 믿는 사람들도 받아들이는 또 다른 (도둑을 죽이는 것이 사람을 죽이는 것이 아니다의 주장과) 유사한 주장을 찾았다. 그것은 바로 묵가가 찾던 기준이었다. 위의 인용문에서 기준은 "온 세상이 이것들이 옳다고 인정한다"라는 문장 앞에 있는 두 문장들이다. 즉 "도둑이 많음을 싫어하는 것은 사람이 많음을 싫어하는 것이 아니다"와 "도둑이 없기를 바라는 것은 사람이 없기를 바라는 것이 아니다"이다. 그러나 이 문장들은 묵가가 원하는 기준의 역할을 할 수 없었는데, 왜냐하면 그것은 "도둑을 죽이는 것은 사람을 죽이는 것이 아니다"라는 원래의 주장의 약한 혹은 유사한 표현들이었기 때문이다. 묵가에 반대하는 이들은 묵가의 원래 주장을 반대했던 같은 이유를 들어 그것들을 물리칠 수도 있다. 혹은 묵가와 반대했던 이들은 이 문장들이 설사 참이라고 해도, 그것들과 원래의 문장은 같은 것이 아니다라고 주장할 수도 있다. 달리 말하면, 그들은 "도둑이 없는 것을 바람"이 "도둑을 죽임"을 포함하지 않는다고 말할 수 있다. 설사 우리가 도둑이 없기를 바랬다고 해도 우리는 여전히 그들을 죽이는 것을 원하지 않을 수 있다. 그렇다면 묵가의 변의 기술은 언제나 실패로 끝날 운명을 가졌을 수 있다. 말하자면 그들은 변을 통하여 그들의 주장을 성립시킬 수 없다. 왜냐하면 묵가의 기준이 대안적 주장들 중의 하나처럼 구체적인 것이므로 그것은 실제 상황에서 효과적인 기준으로 사용되는 데 어려울 수 있다. 이점에서 우리는 묵

---

170) "盜人 人也 多盜 非多人也 無盜 非無人也 奚以明之 惡多盜 非惡多人也 欲無盜 非欲無人也 世相與共是之 若若是 則雖盜人也 愛盜非愛人也 不愛盜非不愛人也 殺盜人非殺人也 無難矣"「소취」.

가의 변이 객관적 진리를 확보하는데 있어서 치명적 약점을 가지고 있다는 점을 받아들여야 한다. 그러나 우리가 정치학에서 필요한 것이 참이 아니라 동의이고, 묵가의 변의 기술은 적어도 사람들에 의한 정치적 참여를 증진시키는 것을 받아들일 수 있음을 깨닫는다면, 우리는 묵가의 변의 기술을 어느 정도는 정당화시킬 수 있다. 달리 말해서 변은 자연과학적 탐구로서는 불충분할 수 있지만, 정치적 탐구에서는 충분하다. 그렇다면 우리는 적어도 묵가의 정치사상은 이 변의 기술과 함께 그것의 민주적 특성을 우리에게 충분히 보여준다고 말할 수 있다.

민주주의나 자유주의는 동양전통 사회에서는 찾기 힘든 개념이다. 민주주의는 링컨의 게티스버그 연설에서의 '인민의, 인민에 의한, 인민을 위한(of the people, by the people, for the people) 정치' 라는 표현이 잘 드러내준다고 말해져 왔다. 동양의 민본주의에 인민의, 인민을 위한 (of the people, for the people) 정치가 있었다고 할 수는 있겠지만, 인민에 의한(by the people) 정치가 있었다는 것은 낯설다. 나아가 자유주의는 공동체와 분리되는 개인을 최우선가치로 삼는 이념이다. 역시 개인을 공동체와 갈등하는 존재가 아니라, 공동체의 일원으로 생각해 온 동양전통 사상과 거리가 있을 수밖에 없는 사상이다. 그럼에도 내가 묵가의 상동사상을 민주주의와 연결시키려는 까닭은 무엇인가? 여기에는 묵가의 상동사상에 흔히들 권위주의에서 보이지 않는 요소가 깃들어져 있기 때문이다. 나아가 민주주의 개념에 대한 새로운 숙고를 통해 상동과 민주주의를 연결시키고 싶었기 때문이다.

권위주의는 사실 공자에게서도 보인다. '백성은 따라 오게 할 수는 있어도 이해하게 할 수는 없다' 는 공자의 말에서 이것을 느낄 수 있다. 『묵자』의 「상동」편에서도 정치는 다른 기술들과 마찬가지로 전문가 집단에 의해 이루어지는 것이라고 했다. 전문가에 의해 이루어지는 정치는 민주주의가 그저 다수결에 의한 정치가 아닌 점에서 반드시 반민주주의적이라고 볼 수 없을 것이다. 묵가의 상동 주장에는 권위주의 정치라기보다는 전문가에 의한 정치가 강조되고 있다. 전문가 정치인은 슈퍼맨이 아니기에 많은 사람들의 의견을 필요로 한다. 상동의 방식은 무조건적인 의견의 통일이 아니라, 가장 좋은 방안으로의 의견의 통일이다. 가장 좋은 방안은 그저 윗 사람의 의견이 아니라, 보다 많은 사람의 의견을 고려해서 만들어진 방안이다. 아랫 사람은 자신의 의견을 윗 사람에게 전달할 뿐만 아니라, 자신들의 바로 윗 사람에 대한 평가를 위의 윗 사람에게 전달할 의무도 있다. 마을의 백성들은 리장에게 보고하는 것이 아니라, 그 윗 사람인 향장에게 리장에 대한 평가를 보고할 의무가 있다. 이렇게 해서 백성들은 천자의 통치에 대한 평가를 천에게 보고할 의무가 있게 된다. 상동의 정치란 이런 점에서 백성들과의 소통을 강조하는 체제일 뿐이다. 동양의 정치제도를 민본주의라 하면서, 은연중에 이를 민주주의와 비교해서 폄하하는데, 사실 민본주의와 민주주의의 차이가 그렇게 분명한 것도 아니다. 흔히 동아시아 전통에 투표나 선거와 같은 백성들의 직접 참여를 보여주는 제도가 없다고 말하지만, 그러나 백성들의 생각을 알아보려는 여러 가지 열린 소통의 시도를 권하는 시스템이 묵가에게 있었던 것이 사실이라면, 묵가의 정치제도에도 백성들의 직접 참여는 어느 정도 허용되는 것이 아니었던가하는 생각이 든다. 적어도 민주주의가 '군주나 귀족과 같은 특정 집단의 자의적 권력사용을 제한하려는 시도' 와 연계되어 정의되어 질 수 있다면, 민주주의가 투표나 선거 제도와 동일시 될 수는 없을 것이다.

상동은 대표적으로 유가의 가족지향적 윤리와 대조적으로 국가를 도덕성의 원천으로 만드는 주장으로 알려져 왔다. 흔히들 묵자의 두 편 「상동」

과 「천지」는 전제주의 내지 신정정치를 제안한다고 해석되어 왔다. 상동은 윗사람으로의 무조건적인 의견일치를, 천지는 정치적 위계질서내에서 가장 상위의 것으로 천의 뜻을 말하고 있기 때문이다. 틀림없이 묵가의 상동이나 천지는 그런 측면이 있고, 묵가의 실용정신은 그것을 훌륭히 이용하려고 하고 있다. 하지만 이 점이 묵가의 또 다른 측면, 합리주의, 평등주의, 보편주의를 덮어서는 안 된다. 내가 보기에 묵가의 이 두 편은 생각외로 민주주의 정치와 연결시킬 여지가 많다. 그것은 묵가의 입장이 우리가 읽은 담풍뢰의 논문에서처럼 민본주의여서만이 아니라, 결국 국가는 하나의 결집된 의지, 의미에 의해 성립이 되며, 이 속에서 백성들은 안정을 찾을 수 있고, 나아가 이런 결집된 의지는 백성의 뜻이기도 하다는 묵가의 주장들에서 절대권력의 제한이라는 입헌주의의 핵심적 주장을 만날 수 있기 때문이다. 흔히들 묵가의 올바름은 윗자리에 있는 사람의 견해로 파악한다. 다분히 권위주의적이고 전제주의적이다. 그러나 내가 보기에 묵가는 또한 올바름을 정할 기준과 장치를 고민했던 사람들이다. 윗사람과의 의견일치는 그저 하나의 뜻이 가지는 중요성을 말한 것 뿐이다.

사실 서구 그리스의 민주체제의 요체도 시민들의 투표 방법보다는 국가의 주권은 백성에 있다는 주장이었을 것이다. 게다가 묵가에게는 투표못지 않는 합의의 기술로서의 변이 있다. 묵가는 바로 이 변의 개념과 방식을 통해 그들이 구성원의 합의를 중요시했음을 보여주고 있고, 이러한 점이 묵가 정치사상과 민주주의 간의 연관성을 드러내고 있다고 보아야 한다. 물론 현실적으로 묵가가 법가의 권위주의에로의 길을 마련한 점은 있지만, 묵가에서 보이는 이런 민주주의적 요소는 충분히 강조되어야 한다. 이는 나아가 사람보다 제도를 강조했던 법가의 이론적 입장도 일방적으로 자의적 전제체제의 옹호로만 볼 필요는 없음을 나타낸다.

8. 결론

8. 결론

우리가 2,500년 전의 사람들인 묵가의 이야기를 들어야 하는 이유는 무엇인가? 특별한 이유는 없다. 그것은 마치 거기에 산이 있어서 산을 오르는 것처럼, 우리는 그저 묵가의 이야기가 적힌 책이 있어서 그들의 이야기를 들을 뿐이다. 그래도 굳이 『묵자』를 읽는 이유를 찾자면『묵자』는 고전이기 때문이다. 『묵자』는 2500년을 넘어 여전히 사람들에게 읽히는 고전이다. 이렇게 읽혔기 때문에 그것은 그토록 오랜 시간을 경과해도 살아남을 수 있었고, 그래서 우리가 접할 수 있는 계기를 갖게 되었으리라. 우리는 본문을 통해 이 책이 살아남을 수 있는 이유를 찾아보았다. 묵가의 어떤 면이 사람들에게 감동을 주고, 그들의 이야기에 귀 기울이게 했을까?

묵가의 이야기는 어쩌면 이미 재미없게 되어버린 것일 수도 있을 것 같다. 실제로 중국에서 묵가는 오랫동안, 아마 천년 아니 천 오백년 이상 읽히지 않았다. 그들의 대표주장인 겸애와 절용, 비공은 물론이고, 다소 부정적인 의미의 상동, 천지와 같은 권위주의와, 나아가 그들의 매력적인 주지주의, 의지주의 같은 참신한 생각들도 이미 유가나 다른 학파에 의해 수

용 내지 극복되었고, 묵가의 대표적인 합리적 사고를 담고 있는 『묵경』부분은 그 지나친 엄격성 때문에 사람들에게 더욱 더 접근하기 힘든 암호가 되어버린 탓이다. 그럼에도 왜 읽어야 하는가? 더욱이 우리는 서구의 각종 사조들, 고도의 논리적, 합리적 사유에 이미 노출되었고, 서구의 그런 도전에 나름 아폴로지가 필요했던 시기도 이미 지나가 버렸는데, 왜 묵가의 이야기를 다시 들어야 할까? 일단은 역사적 이유일 것이다. 즉 철학사적인 이유 때문일 것이다. 도대체 어떤 맥락에서 동양철학이 생겨났고, 어떠한 방식으로 진화해 왔는지를 살펴보는 일이 필요해서일 것이다.

묵가는 다른 제자백가 사상가들이 그러했던 것처럼, 당시의 상황을 윤리적, 정치적 혼란기로 규정하였고, 이의 극복을 위한 처방을 제시한다. 그들의 처방의 특이성은 그들이 철학을 마치 의사가 병자를 치료하는 것과 마찬가지의 방식으로 그 원인을 규명하고, 그에 따른 객관적 해결책을 내놓으려고 했다는 것이다. 물론 유가나 도가나 법가도 다 이러했다고 할 수 있지만, 묵가는 이러한 점을 특히 의식했고, 좀 더 외연적이고, 양적인 방식 즉 객관적인 방식으로 그 절차를 제시하려 노력했다는 점을 강조해야 할 것 같다. 그들은 한번도 인간의 내재적 본성이나 인간과 자연과의 일체, 인간의 수양을 통한 개선에 대해 이야기 하지 않았다. 그들의 설득력은 바로 이점에 있다. 어떤 학자가 묵가가 바로 동아시아에서 최초로 철학을 했다고 주장했던 것은 어쩌면 묵가의 이런 특성 때문일 것이다.

묵가는 먼저 사회·정치적 혼란이 차별적인 태도나 제도, 지나치게 명분론적인 방식, 다양한 견해의 범람, 운명론적인 사고방식으로 생긴다고 생각하였다. 따라서 그에 대한 대안도 무차별적 사랑, 실리적 제도, 다양한 견해의 통일, 운명론을 배격하는 방식의 제시였다. 즉 차이보다는 동일성, 명분보다는 실질, 체념보다는 적극적 참여를 강조함으로써 혼란을 극복할 수 있다고 믿었다. 이러한 무차별적 사랑, 실리성, 인위의 강조는 유가 등 다른 학파의 사람들에게 받아들여져서, 보다 보편적이고 현실적인 사고 형태를 형성하는데 크게 기여하였다. 유가의 인을 박애나 만물일체로 정의한다든지, 유가의 최고 이상사회가 무차별의 대동사회로 묘사된다든지, 유가의 왕도정치나 위민정치가 백성들에게 생존권을 보장해주려고 노력했던 것은 다 이런 영향일 것이다. 그러나 우리가 묵가 사상에서 특히 주목하는 것은 위와 같은 주장들에 흐르고 있는 합리성의 정신이다. 묵가는 처음에는 천지나 상동과 같은 좀 더 권위적 방식으로 다양한 견해의 통일을 생각하였는데, 이것이 점차 보다 객관적인 의견통일의 방법으로 발전되어 갔다. 이것은 변(辯)의 방법이다. 기본적으로 변의 방법이란 자신의 주장의 타당성을 누구나 동의하는 것과의 유사성을 통해 확보하는 방법이다. 묵가는 기본적으로 우리에게 누구나 동의하는 경험적 지식이 있다고 생각하였고, 이것의 타당성에 대해서는 추호도 의심하지 않았다. 우리에게 의견의 차이가 나는 것은 오직 우리의 경험적 지식을 전달할 때의 언어 사용의 부주의 때문이라고 생각하였다. 기본적으로 이런 부주의를 해결하는 길은 어떤 표현이 어떤 근거에서 가능한 것인지를 면밀히 살핌으로써 가능하다. 어떤 표현은 단지 그 외형적 유사성으로 그 타당성이 보장되는 것이 아니고, 그 언어 맥락 속에서 결정된다. 우리는 특별히 언어의 패턴, 화자의 의도, 표현의 유사성에 주의를 기울여야 한다. 나는 이런 변의 방식이 동아시아 합리성의 전형이라고 생각한다. 그것은 서구의 수리적인 혹은 기하학적인 합리성의 모형과는 다른 방식의 합리성 모형이라고 생각한다. 한 번도 서구처럼 수학적 모형이 합리성의 전형으로 생각되지 않았던 동아시아에서 합리성은, 바로 이런 구체적 합의를 이끄는 기술에서 발달되었다. 순수 추상적 학문보다 학문의 실제 적용성을 높이 평가했던 동아시아에서 이런 구체적 합리성이 발달했음은 어쩌면 매우 자연스러운 일일 것이다. 그럼에도 그들의 명학이 그들 명학의 계승자 순자 등에 의해 쓸모없는 말장난의 기술 즉 궤변으로 치부되었다는 것은 역사의 아이러니이다. 절용, 절장, 비악 등을 통해 강조된 묵가의 실리주의, 아니 삼표 중의 하나로 모든 언설의 기준 중 하나였던 실용성의 강조를 그렇게 부르짖었던 묵가가 바로 그 실리성에 의해 자신들이 비판받게 된 것은 실로 아이러니다. 이들이 이런 비판을 받게 된 것은 물론 순자에 의해 후기묵가의 변의 기술이 올바른 윤리적, 정치적 기준을 손상시킨다고 판단되었기 때문일 것이다. 이에 대해 우리는 유용성의 기준이 서로 다르다는 것만을 말할 수 있을 것이다.

철학사적 맥락과 별도로 나는 변의 기술에 관심이 있다. 그것은 역사적 맥락을 떠나, 우리에게도 적실성이 있다. 도무지 객관적인 것을 찾기 힘든 이 상대주의의 시대에, 특히나 적어도 과학의 영역이 아닌 곳에서, 인간의 가치와 판단이 중요한 역할을 하는 곳에서, 우리가 그 나마 객관적이고 합리적인 사유를 전개하려면 묵가가 말한 변의 기술에 의존해야 하지 않을까? 우리의 판단이나 행동에 대한 평가는 그것들의 '기준 · 패턴', '의도', '유사성' 을 빼놓고 무엇을 가지고 할 수 있을까?

묵가사상의 철학적 탐구

초판인쇄 | 2012년 10월 25일
초판발행 | 2012년 10월 31일

지은이 | 정재현
발행인 | 이종욱
편집인 | 우찬제
발행처 | 서강대학교 출판부
등록번호 | 제313-2002-170호(1978년 9월 28일)
인쇄 | 열린문화

주소 | 서울시 마포구 백범로 35 (신수동)
전화 | (02) 705-8212
팩스 | (02) 705-8612
홈페이지 | www.sogang.ac.kr/~sgpress

ISBN 978-89-7273-211-2 93150

정가 12,000원